中国独角兽企业研究

范合君 等◎著

经济管理出版社
ECONOMY & MANAGEMENT PUBLISHING HOUSE

图书在版编目（CIP）数据

中国独角兽企业研究/范合君等著．—北京：经济管理出版社，2021.6
ISBN 978－7－5096－8066－7

Ⅰ.①中…　Ⅱ.①范…　Ⅲ.①企业发展—研究—中国　Ⅳ.①F279.23

中国版本图书馆 CIP 数据核字（2021）第 115065 号

组稿编辑：范美琴
责任编辑：范美琴　丁光尧
责任印制：张馨予
责任校对：陈　颖

出版发行：经济管理出版社
（北京市海淀区北蜂窝 8 号中雅大厦 A 座 11 层　100038）
网　　址：www.E－mp.com.cn
电　　话：（010）51915602
印　　刷：唐山昊达印刷有限公司
经　　销：新华书店
开　　本：720mm×1000mm/16
印　　张：14
字　　数：228 千字
版　　次：2021 年 8 月第 1 版　　2021 年 8 月第 1 次印刷
书　　号：ISBN 978－7－5096－8066－7
定　　价：88.00 元

前　言

近年来，中国独角兽企业呈现出井喷式发展趋势。从全球范围来看，中国入选 CB Insights 全球独角兽企业榜单的企业数量稳居世界第二位；从国内发展来看，长城战略咨询报告表明，2016～2019 年上榜的企业数量从 131 家增加至 218 家，估值总额从 4876 亿美元上升至 7964 亿美元。

同时，中国独角兽企业的创新发展推动着行业变革，在电子商务、人工智能、医疗健康、新能源等领域不断开辟新航道。政府、证监会等部门纷纷出台相关政策，助力独角兽企业成长。独角兽企业在促进中国经济高质量发展中的重要作用日益凸显，因此，开展对独角兽企业的研究越来越具有必要性。

本书共有七章，运用分组检验、多元回归分析等探讨影响独角兽企业发展的因素。第一章梳理了中国独角兽企业的发展历程；第二章至第五章研究了创始人层面影响独角兽企业发展的因素，具体分为创始人特质、创始人经历、创始人“故乡情”以及创始人流派这四个因素；第六章从资源基础角度探究了平台型企业如何影响独角兽企业的发展；第七章讨论了营商环境在独角兽企业发展中的作用。

本书具有一定的学术价值和实践价值。具体而言，一方面，本书丰富了现有独角兽企业的研究成果。从个人、企业和客观环境三个维度，系统剖析了影响中国独角兽企业发展的因素，总结了估值高、融资多的独角兽企业所具备的特征。另一方面，本书为企业、政府和资本市场助力独角兽企业发展提供了有益的借鉴。研究发现，善于合理利用现有企业资源、营造良好的市场环境等是培育更多独角兽企业的重要途径。

目　录

第一章　中国独角兽企业的缘起与发展

何思锦　张媛媛　吴　婷　王思雨①

本章简要总结了独角兽的全球史及中国史，详细介绍了我国发布中国独角兽企业榜单的三大机构，从数量、估值两个方面，对机构评选出来的独角兽企业进行了系统梳理，并对每年独角兽企业所处行业及所处区域进行了详细分析。通过以上梳理发现，目前市场上有不少独角兽企业因管理不善、资金短缺等陷入经营困境。对于这些从神坛跌落至谷底的独角兽企业，本章进行了简要说明，并以 ofo 共享单车、瑞幸咖啡为例，介绍了独角兽企业的倒闭之路。

第一节　独角兽发展史

一、独角兽的定义

独角兽公司是指企业成立不超过 10 年且估值超过 10 亿美元的创业公司。这一概念最先是由美国 Cowboy Venture 投资人 Aileen Lee 于 2013 年提出，她将成立时间不早于 2003 年并且在公开或私有市场估值超过 10 亿美元的美国软件公司称作“独角兽”。之所以用“独角兽”命名，是因为独角兽是神话传说中 种稀有而高贵的生物。以此来表明这类具有成长周期短、创新性强、获得投资者青睐等

---

① 何思锦，首都经济贸易大学博士研究生；张媛媛，首都经济贸易大学硕士研究生；吴婷，首都经济贸易大学博士研究生；王思雨，首都经济贸易大学博士研究生。

特征的创业公司是稀少珍贵的。根据估值进一步划分，公司估值超过 100 亿美元的独角兽企业称为“超级独角兽”。

二、独角兽全球史

2013 年，Aileen Lee 在《欢迎来到独角兽俱乐部》一文中公布了第一批独角兽企业榜单①，总共有 39 家企业入选。其中，Facebook 以 1220 亿美元估值占据榜首。排名第二的独角兽公司是 Linkedln，该公司估值在 200 亿～300 亿美元，第三位 Workday 估值在 100 亿～200 亿美元。Facebook、Linkedln 和 Workday 构成了第一批超级独角兽榜单。此外，独角兽企业榜单中不包括 Facebook 在内的其余 38 家独角兽企业的平均估值是 36 亿美元。

自此，独角兽企业开始受到广泛关注，评选范围从美国公司拓展至全球。CB Insights、Pitchbook 等机构纷纷发布全球独角兽榜单，独角兽企业的数量、估值、行业、区域等都呈现显著的发展变化。

首先，在公司数量方面，全球独角兽公司数量连续创造新高。CB Insights 统计数据表明，对于估值超过 10 亿美元的创业公司数量，2016 年公布的榜单中有 183 家，2017 年有 214 家，2018 年有 260 家，2019 年有 436 家。每年新增独角兽企业数量也在持续上升，2017～2019 年分别较上一年榜单新增 31 家、46 家和 176 家企业。此外，2019 年全球超级独角兽企业数量已经达到 25 家。其次，在企业估值方面，全球独角兽企业总估值上升趋势显著。在 CB Insights 公布的全球独角兽企业榜单中，2016 年总估值为 6570 亿美元左右，2017 年为 7450 亿美元左右，2019 年 3 月已经达到了 10862. 3 亿美元。再次，在区域方面，综合 2019 年 CB Insights、胡润等发布的全球独角兽榜单发现，美国、中国、印度和英国是拥有独角兽企业数量最多的 4 个国家。其中，美国和中国始终是独角兽企业的主要诞生地，占比在 70% 以上。最后，在行业方面，涉及的领域愈加广泛，CB Insights 已经划分了 13 种行业类型，胡润划分了 23 种行业类型，其中，电子商务、金融科技、互联网软件行业是主要集中领域。

---

① Lee A. Welcome To The Unicorn Club: Learning From Billion – Dollar Startups [EB/OL]. [2020 – 06 – 21]. https://techcrunch.com/2013/11/02/welcome – to – the – unicorn – club/.

三、独角兽中国史

从企业数量上来看，中国独角兽企业正处于快速增长阶段，企业数量保持在全球第二位。在2019年胡润全球独角兽榜评选中，中国独角兽企业数量达到206家，首次超过美国，跃居世界第一。根据CB Insights统计结果分析，中国独角兽企业占比一直在20%～30%，不过2019年比重略有下降，并且中国在新生独角兽企业数量上首次低于美国①，如图1－1所示。

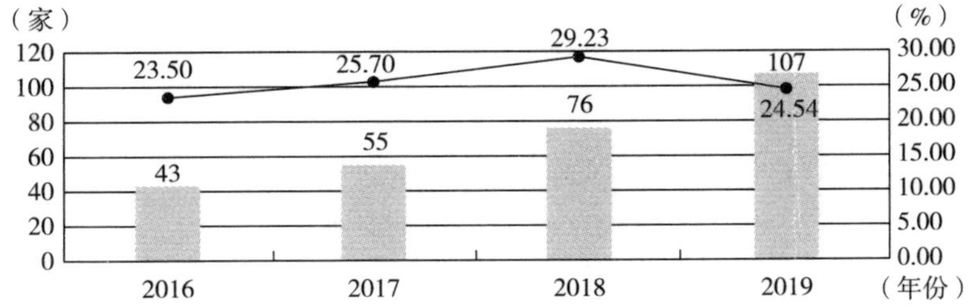

图1－1 2016～2019年中国独角兽企业的数量及占全球总量的比重

资料来源：CB Insights网站。

从质量上看，中国超级独角兽企业的数量和排名在不断攀升。综合国际独角兽榜单，2016年中国估值最高的独角兽企业估值为600亿美元，此外，小米、滴滴出行、美团点评属于中国第一批超级独角兽企业②。截至2019年，字节跳动、比特大陆、大疆等加入了超级独角兽企业的行列，并且字节跳动在CB Insights评选的全球独角兽企业榜单中居于榜首。

从创新模式上看，中国独角兽企业由传统行业商业模式创新转向技术创新驱动来促进新兴产业的发展③。长城战略咨询报告表明，2016～2017年中国独角兽企业主要分布在电子商务、互联网金融、文化娱乐等领域，这些企业主要依托互联网平台进行转型，有一部分企业通过发放大量补贴来吸引用户的方式运营。而到了2018年，人工智能、新能源汽车等行业的独角兽企业数量跻身前五名，前

① 连一席．中国独角兽报告：2020［J］．发展研究，2020，411（11）：20－30.

② 科技部火炬中心，长城战略咨询．2016年中国独角兽企业发展报告［EB/OL］．（2017－03－07），www.cbdio.com/image/site2/20170307/3417eb9bbd591a28b4c849.pdf.

③ 金雪涛．我国互联网“独角兽”企业发展解析［J］．人民论坛·学术前沿，2020（5）：92－98.

沿科技领域的独角兽企业数量持续攀升，2019 年已有 69 家企业进入榜单。

四、独角兽评价机构

目前，发布中国独角兽企业榜单的机构主要是三个：科技部火炬中心联合长城战略咨询、胡润研究院以及恒大研究院。这三家机构在评选中国独角兽企业的时间范围、评选数量、评价标准、评选流程上存在差异，如表 1-1 所示。

表 1-1　独角兽企业评选机构

机构	评选年份	企业数量	评选标准	评选流程
科技部火炬中心联合长城战略咨询	2016~2019 年	2016 年 131 家 2017 年 164 家 2018 年 202 家 2019 年 218 家	中国境内注册	自主申报 数据搜集 筛选企业
胡润研究院	2017~2019 年	2017 年 120 家 2018 年 186 家 2019 年 206 家	国际定义	数据搜集 筛选企业 估值排序
恒大研究院	2018~2019 年	2017 年 126 家 2018 年 161 家 （狭义 137 家） 2019 年 166 家 （狭义 141 家）	考察企业四项价值。 并且，广义独角兽企业不限定成立时间	估值计算 综合机构榜单 筛选企业

注：此处的评选标准是在满足独角兽企业国际定义（成立时间不超过 10 年，且估值高于 10 亿美元，获得过私募投资且未上市）的基础上专门强调的筛选条件。

科技部火炬中心联合长城战略咨询根据以下五个方面定义中国独角兽企业：①在中国境内注册的，具有法人资格的企业；②成立时间不超过 10 年；③获得过私募投资，且尚未上市；④符合条件①②③，且企业估值超过 10 亿美元的称为独角兽；⑤符合条件①②③，且企业估值超过 100 亿美元的称为超级独角兽。该机构评选独角兽企业的流程主要经过企业自主申报、公开数据搜集、长城战略咨询数据库筛选、重点高新区推荐、第三方数据支持等方式汇总备选企业数据，再从中筛选出符合标准的独角兽企业，形成中国独角兽企业榜单①。最终，在2016～2019年中国独角兽企业榜单中，分别评选出131家、164家、202家、218家独角兽企业。

胡润研究院对独角兽的定义是创办不超过10年，估值达到10亿美元的科技初创企业，获得过私募投资且未上市。通过搜集近1000家高成长型非上市企业数据，结合资本市场独角兽定义筛选出满足要求的企业，最后再按其估值范围进行排序并制作成榜单②。结果显示，在2017年和2018年胡润大中华区独角兽指数中，分别有120家、186家企业上榜；在2019年发布的胡润全球独角兽企业榜单里，共有206家中国企业上榜，占企业总数比例达到41.7%。

恒大研究院在2018～2020年均发布了独角兽报告，该机构在独角兽企业的国际定义基础上以成立时间为分界点，进一步划分出广义独角兽和狭义独角兽。其中，广义独角兽不限制成立时间，而狭义独角兽成立时间不能超过10年。除此之外，还要将以下四点作为选择对象的考察标准：①企业产品或者提供的服务的核心价值；②企业产品或者提供的服务的流量价值；③企业产品或者提供的服务所能带动的辐射价值；④商业模式价值。该机构主要采用乘数估值法（市盈率与市销率）、可比公司法和融资投资法来进行企业估值，同时，综合梳理胡润、CB Insights、科技部火炬中心联合长城战略咨询和PitchBook发布的榜单，评选出独角兽企业③。报告显示，中国2017年有126家独角兽企业；2018年有广义独角兽企业161家，其中狭义独角兽企业137家；2019年有广义独角兽企业共166家，其中狭义独角兽企业141家。

五、独角兽研究现状

以“独角兽”为主题在知网进行检索，在剔除文学艺术领域内独角兽文献后发现，截至2019年，关于独角兽公司的文献总共有875篇。从发表年度分布上看，独角兽公司最早从2015年开始出现。2015～2018年关于独角兽公司的论文数量基本呈现上升趋势，尤其是2018年独角兽企业论文数量激增，共有422

① 科技部火炬中心，长城战略咨询.2016年中国独角兽企业发展报告［EB/OL］.（2017-03-07），www.cbdio.com/image/site2/20170307/3417eb9bbd591a28b4c849.pdf.

② 胡润研究院.2018第一季度胡润大中华区独角兽指数.

③ 恒大研究院.中国独角兽报告：2019［EB/OL］.（2019-03-07）.https://wk.askci.com/details/94c22a3ddc56425a80bc47c7e1f38ff5.

篇，然而在2019年下降至206篇，如图1-2所示。

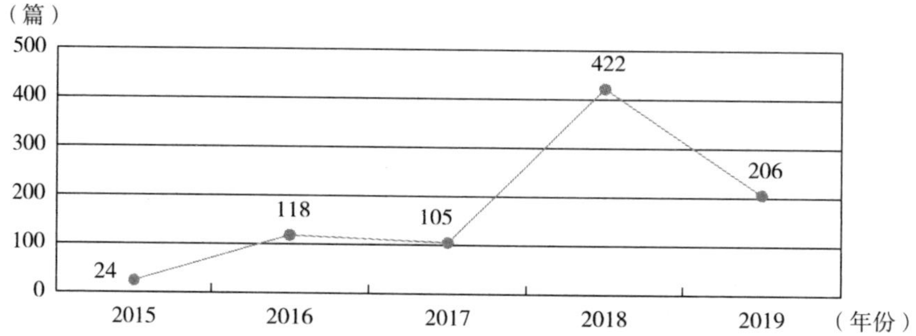

图1-2　2015~2019年期刊发表独角兽公司文献数量

资料来源：中国知网网站。

从期刊级别上看，发表在核心期刊的论文数量共有30篇，其中16篇论文来源于CSSCI期刊。在这16篇论文中，有1篇于2016年发表，有2篇于2017年发表，有6篇于2018年发表，有7篇于2019年发表。这说明，学者关于独角兽公司的研究日益深入。

2015~2019年，共有1702篇关于独角兽企业的报道。2015~2018年报道数量呈现持续上升趋势，并且在2018年达到顶峰，共有1017篇媒体报道，是2017年媒体报道数量的5倍。然而，在2019年出现明显下滑，媒体报道有293篇，如图1-3所示。

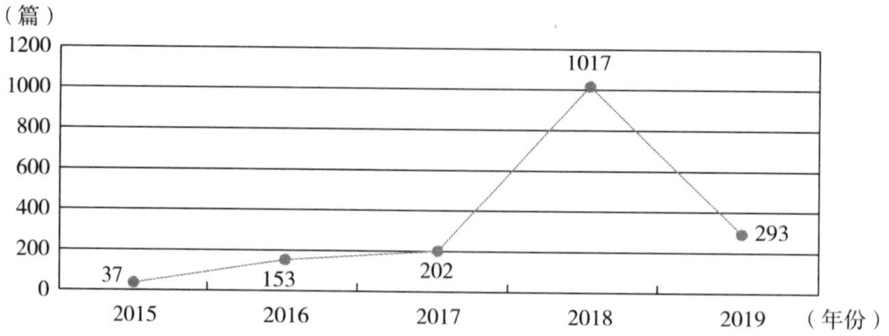

图1-3　2015~2019年独角兽公司相关媒体报道数量

资料来源：中国知网网站。

从报道期刊分布上来看，共有21家报纸报道独角兽公司的数量达到了20篇以上。其中，报道独角兽公司数量较多的报刊主要是《证券日报》、《21世纪经济报道》、《中国证券报》和《证券时报》，这四大报纸的有关报道数量均达到70篇以上。《证券日报》发布的相关报道数量最多，总共有80篇。

第二节　独角兽企业规模

一、数量变化趋势

如图1－4所示，中国独角兽企业的数量总体呈现出稳定增长的态势，体现出中国独角兽企业处于迅速发展之中，整体上具有企业规模大、行业领域新、分布相对集中的特征。其中，2016年中国独角兽企业共131家，估值为100亿美元及以上的超级独角兽企业共7家；2017年中国独角兽企业共164家，其中，有10家超级独角兽企业，创立、上市及并购超过十年的"毕业"独角兽企业共20家；2017年共有三起合并事件，分别是饿了么收购百度外卖、运满满和货车帮合并为一个新的独角兽企业满帮、猫眼收购微票儿；2018年中国独角兽企业共有202家，其中，有7家超级独角兽企业，"毕业"独角兽企业共5家；2019年中国独角兽企业共218家，超级独角兽企业共7家。

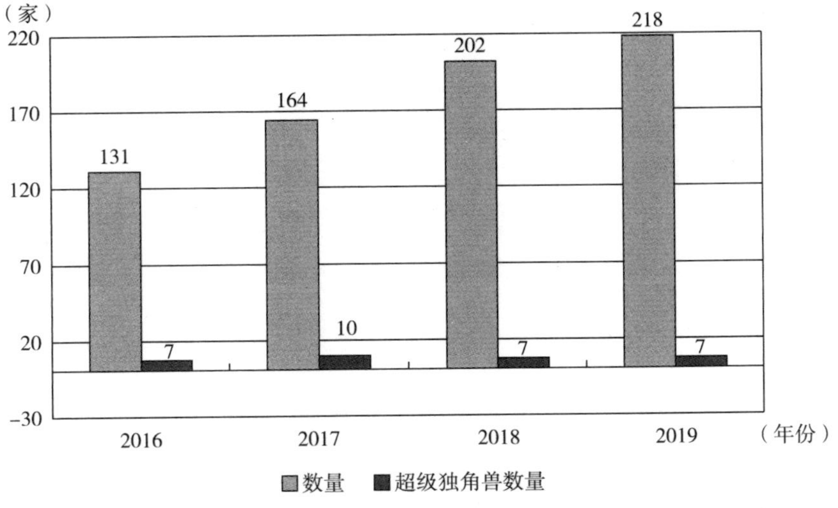

图1－4　2016～2019年中国独角兽企业和超级独角兽企业数量分布

资料来源：长城战略咨询网站。

可见，2016～2018年，中国独角兽企业的总数量一直呈现稳定增长的态势，2017年比2016年增长了33家，增幅为25%，2018年比2017年增长了38家，增幅为23%，2019年比2018年增长了16家，增幅为8%。此外，估值为100亿美元及以上的超级独角兽企业数量较稳定，一直保持在7家左右。

二、估值变化趋势

1. 总估值和平均估值变化分析

如图1－5所示，中国独角兽企业的总估值呈现出稳定增长的态势。其中，2016年中国独角兽企业的总估值为4876亿美元，平均估值为37.2亿美元；2017年中国独角兽企业总估值为6284亿美元，平均估值为38.3亿美元，总估值比2016年高1408亿美元，增幅为28.88%，且平均估值增长了1.1亿美元；2018年中国独角兽企业总估值为7441亿美元，平均估值36.9亿美元，总估值比2017年高了1157亿美元，增幅为18.41%，但平均估值降低了1.4亿美元；2019年中国独角兽企业总估值为7964亿美元，平均估值为36.5亿美元，总估值比2018年高了523亿美元，增幅为7.03%，但平均估值下降了0.4亿美元。总体来看，2016年至2019年中国独角兽企业的总估值一直稳定增加，增幅高达63.33%，但平均估值降幅为1.88%。

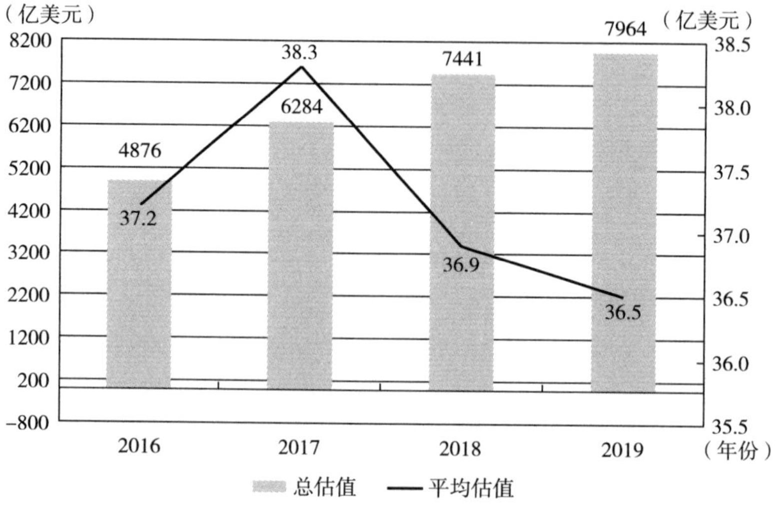

图1－5　2016～2019年总估值和平均估值变化趋势

资料来源：长城战略咨询网站。

2. 不同估值区间的估值分析

如图1－6所示，不同估值区间下中国独角兽企业数量呈现出相似的分布规律。通过观察估值100亿美元及以上的独角兽企业发现，2016年共有7家超级独角兽企业，其估值占中国独角兽总估值的48.3%；2017年共10家，较2016年增加了3家，估值占比53.4%；2018年共7家，较2017年减少了3家，估值占比48.3%；2019年共7家，较2018年保持不变，估值占比47.1%。

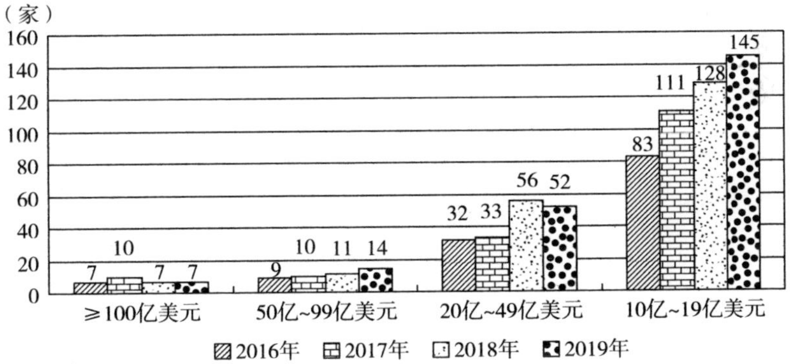

图1－6　2016～2019年不同估值区间下中国独角兽企业数量趋势分布

资料来源：长城战略咨询网站。

估值为50亿～99亿美元的独角兽企业在2016年共有9家，其估值占中国独角兽总估值的13.0%；2017年共有10家，较2016年增加了1家，估值占比13.0%；2018年共有11家，较2017年增加了1家，估值占比10.0%；2019年共有14家，较2018年增加了3家，估值占比11.7%。

估值为20亿～49亿美元的独角兽企业在2016年共有32家，其估值占中国独角兽总估值的18.0%；2017年共有33家，较2016年增加了1家，估值占比15.0%；2018年共有56家，较2017年增加了23家，估值占比21.2%；2019年共有52家，较2018年减少了4家，估值占比19.1%。

估值为10亿～19亿美元的独角兽企业在2016年共有83家，其估值占中国独角兽总估值的19.7%；2017年共有111家，较2016年增加了28家，增幅为33.73%，估值占比20.9%；2018年共有128家，较2017年增加了17家，估值占比20.5%；2019年共有145家，较2018年增加了17家，估值占比 22.1%。

中国独角兽企业的数量规模呈现出金字塔结构，而其估值呈倒金字塔结构。2016～2019 年不同估值区间对应的中国独角兽企业数量和估值具有相似的分布规律。虽然 100 亿美元及以上估值水平的独角兽企业数量较少，但在此区间企业的估值占中国独角兽企业总估值的比重较高，最高达到了 53.4%。而估值为 10 亿～19 亿美元的独角兽企业虽然数量较多，但其估值占中国独角兽总体估值的比例较低。可见，中国独角兽企业的数量规模呈现出金字塔结构，而其估值呈倒金字塔结构。由于各年独角兽企业的数量和估值的分布规律相似，以 2018 年为例来展开分析。

如图 1－7 和图 1－8 所示，2018 年共 202 家独角兽企业，总估值为 3595 亿美元，其中，100 亿美元及以上的超级独角兽企业共 7 家，这一层次的估值总量占总估值的 48.3%，可见超级独角兽的企业数量虽然较少但其估值较高，占据着重要的地位；2018 年的平均估值为 36.9 亿美元，其中，估值处于平均估值水平以下的独角兽企业占比 90%，可见，处于平均估值水平以下的独角兽企业数量占大多数，故处在金字塔顶端的企业不容忽视。

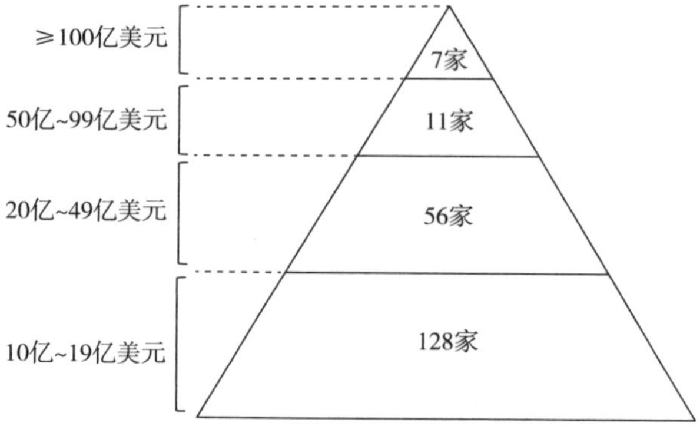

图 1－7　2018 年中国独角兽企业数量分布的金字塔结构

资料来源：长城战略咨询网站。

3. 位居榜单前三名的企业估值情况

如表 1－2 所示，榜单排名前三的超级独角兽企业具有规模大、估值占比高的特点。其中，2016 年估值排名前三的超级独角兽企业估值之和为

1600亿美元。此后，排名前三的超级独角兽企业估值之和不断增加。2017年估值排名前三的超级独角兽企业估值之和增加至1770亿美元。2018年估值排名前三的超级独角兽企业估值之和为2850亿美元。2019年估值排名前三的超级独角兽企业估值之和相较于2018年出现小幅下跌，其数值为2830亿美元。

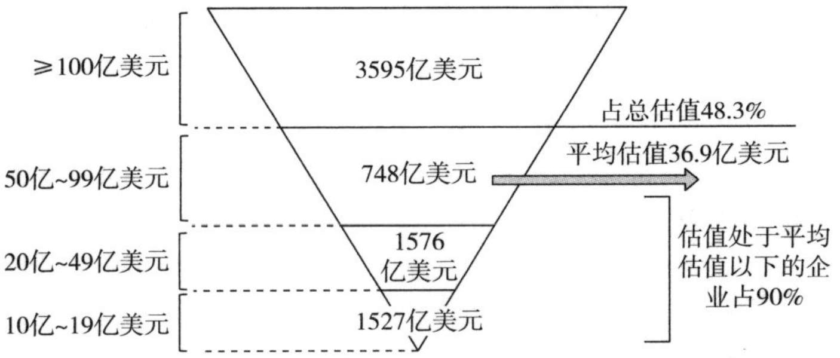

图1-8 2018年中国独角兽企业估值分布的倒金字塔结构

资料来源：长城战略咨询网站。

表1-2 榜单排名前三的超级独角兽企业信息

榜单前三	2016年		2017年		2018年		2019年	
	公司名称	估值（亿美元）	公司名称	估值（亿美元）	公司名称	估值（亿美元）	公司名称	估值（亿美元）
第一名	蚂蚁金服	750	蚂蚁金服	750	蚂蚁金服	1500	蚂蚁集团	1500
第二名	小米	460	滴滴出行	560	今日头条	750	字节跳动	750
第三名	阿里云	390	小米	460	滴滴出行	600	滴滴出行	580

资料来源：长城战略咨询网站。

由表1-2可知，自2016年到2019年，始终位于全国独角兽企业的榜单首位的企业估值增长由750亿美元增加到了1500亿美元，增幅为100%，这反映了其在四年来实现了快速发展。今日头条在2016年估值为92亿美元，位居第八名，但2018年其估值显著上升到了750亿美元，增幅为715.22%，升至第二名，实现了迅猛发展。

第三节　独角兽企业行业分布

本节按照行业对中国独角兽企业进行分析，旨在探究独角兽企业在各个行业的分布情况，也从侧面反映出各个行业近年的发展状况，如长城战略咨询公布近年独角兽企业最多的是电子商务行业，也是与近年企业发展实际契合的。2016～2019年数据来源于长城战略咨询。

一、2016年中国行业独角兽分析

根据长城战略咨询公布的《2016年中国独角兽企业发展报告》，共计131家独角兽企业上榜，涉及18个行业领域，如图1-9所示。其中，电子商务行业的企业数量最多，达31家，占企业总数的23.66%。紧随其后的互联网金融、文化娱乐、交通出行三大行业分别占17家、16家和13家，前四个行业累计占比超过企业总数的一半，为58.78%。另外，大健康、物流和云服务分别有9家、7家和5家；互联网教育、企业服务、人工智能、软件应用、智能硬件五个行业都分别有4家；房地产、新媒体、大数据、旅游、社交、网络安全六大行业所占企业都为3家及以下。其中，网络安全仅有1家企业，即360企业安全。

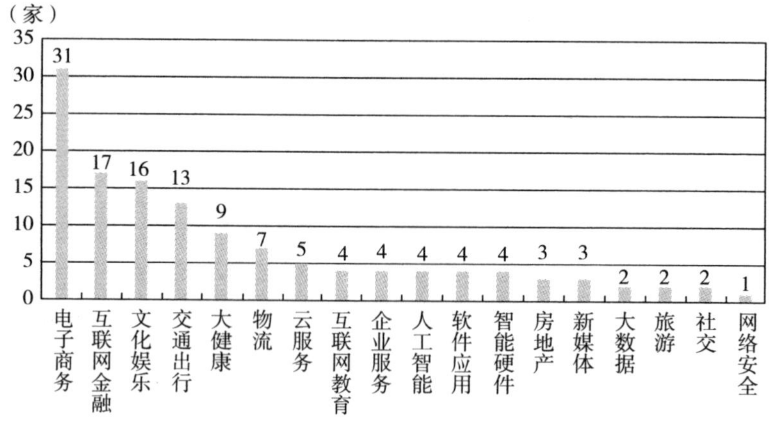

图1-9　2016年中国行业独角兽分布

二、2017 年中国行业独角兽分析

根据长城战略咨询公布的《2017 年中国独角兽企业发展报告》，共计 164 家独角兽企业上榜，涉及 18 个行业领域，与 2016 年相比，新增企业 33 家，如图 1－10 所示。其中，电子商务与互联网金融依旧保持前两名，分别占 33 家和 21 家，相比 2016 年分别增加了 2 家和 4 家；大健康和文化娱乐行业分别占 14 家和 13 家；前四个行业累计占比 49.39%，相比 2016 年有明显下降，说明 2017 年中等行业发展得更好，且超过 10 家企业的行业有 6 个。新能源汽车行业为 2017 年新增，发展迅速，位于中游水平。

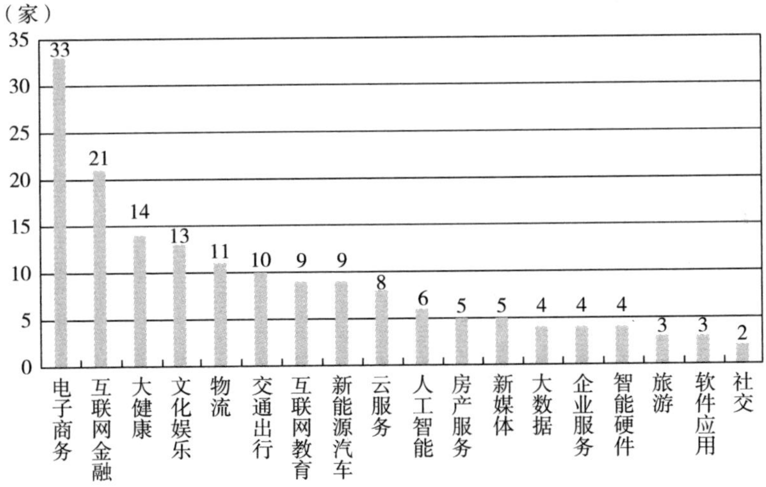

图 1－10 2017 年中国行业独角兽分布

三、2018 年中国行业独角兽分析

根据长城战略咨询公布的《2018 年中国独角兽企业研究报告》，共计 202 家独角兽企业上榜，涉及 23 个行业领域，相较 2017 年，新增企业 38 家，如图 1－11 所示。电子商务一如既往成为企业数目最多的行业，有 34 家；紧随其后的是智慧物流、人工智能和新文娱，分别有 19 家、18 家和 18 家，前四个行业累计有 89 家，占比 44.06%；中等梯队的新能源汽车、互联网教育、房产服务、生

物医药、大数据、交通出行、金融科技也有一定的进步；生物医药、金融科技、医疗健康、量子通信、体育、新材料、新能源等行业是目前较为时兴的行业领域。新能源、新材料、量子通信、体育为新增行业，处于发展初期，企业数量较少。

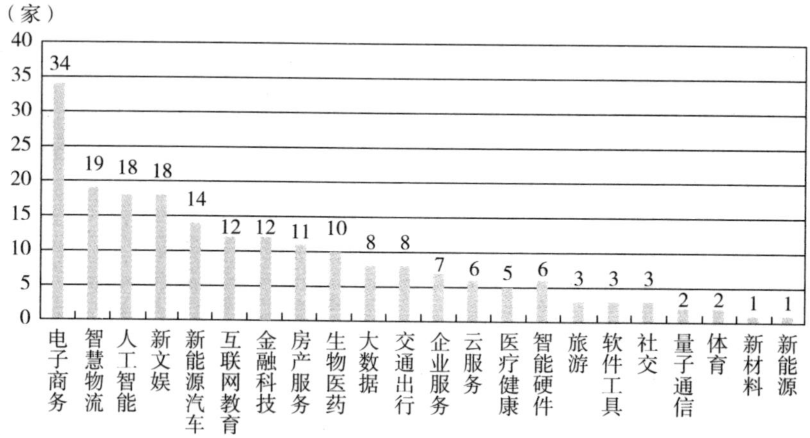

图1－11　2018年中国行业独角兽分布

四、2019年中国行业独角兽分析

根据长城战略咨询公布的《2019年中国独角兽企业研究报告》，共计218家独角兽企业上榜，涉及26个行业领域，相较2018年，新增行业3个，新增企业16家，如图1－12所示。并列第一的是医疗健康与智慧物流行业，都有20家，分别占比9.17%。紧随其后的是人工智能与新文娱行业，分别占18家与17家。排名前四行业的企业共计75家，占比34.40%，相较2018年下降了9.66个百分点。新零售、互联网教育、新能源汽车分别有16家、12家、10家。产业互联网、电子商务、汽车服务、数字房产都各有9家，出行服务与金融科技各有8家，大数据与企业服务各有7家，旅游科技与云服务各有6家，智能网联与智能硬件各有5家。此外，处于独角兽发展初期的社交、生活服务、网络工具、新能源各有3家，量子通信与体育科技各有2家，新材料仅有1家。

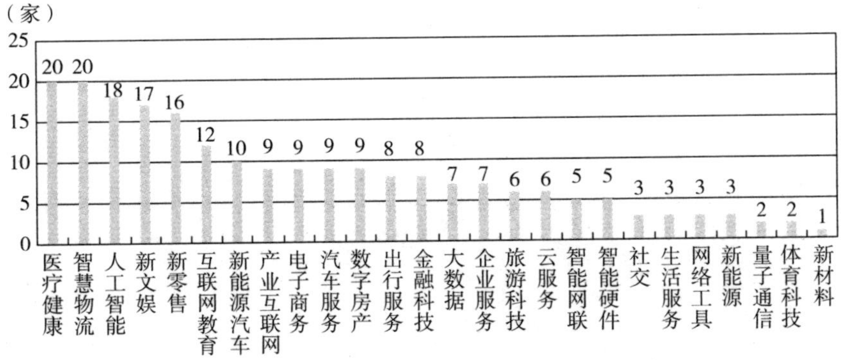

图 1－12　2019 年中国行业独角兽分布

第四节　独角兽企业区域分布

本节对中国独角兽企业以省级层面为基准进行区域独角兽的分析，旨在探究我国独角兽企业在各省级行政区的分布。采用 2016～2019 年数据，数据来源于长城战略咨询。其中，满帮集团（由江苏运满满与贵阳货车帮合并而成）按照榜单，在 2016～2018 年分别隶属于江苏省与贵州省；2019 年隶属于贵州省。

一、2016 年中国区域独角兽分析

根据长城战略咨询公布的《2016 年中国独角兽企业发展报告》，共计 131 家独角兽企业上榜，涉及 13 个省级行政区，如图 1－13 所示。其中，北京市独角兽企业数量最多，有 65 家，占企业总数目的 49.62%，接近一半；紧随其后的是上海、广东和浙江，分别有 26 家、15 家和 12 家，排名前四的省份拥有企业共计 118 家，占比 90.08%，说明总体来看独角兽企业在我国的区域分布相对集中在这四大省份，此外，天津、湖北、江苏各有 3 家、2 家和 2 家企业；福建、贵州、湖南、山东、香港和重庆都仅有 1 家企业。

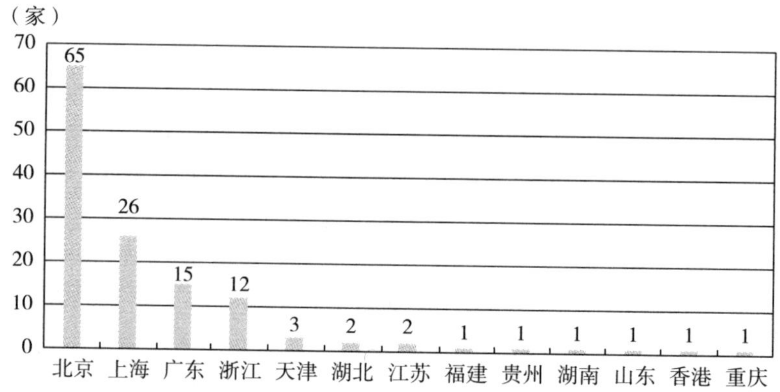

图 1－13　2016 年中国区域独角兽分布

二、2017 年中国区域独角兽分析

根据长城战略咨询公布的《2017 年中国独角兽企业发展报告》，共计 165 家独角兽企业上榜，涉及 12 个省级行政区，相比 2016 年，新增企业 33 家，涉及的省级行政区减少了 1 个，说明 2017 年独角兽企业分布更为集中，如图 1－14 所示。北京市继续蝉联第一，2017 年有 70 家企业上榜，占企业总数的 42.68%，上海、广东、浙江分别排名第二、第三、第四，前四个省份的企业总数为 143 家，占企业总数的 87.20%，较 2016 年下降了 2.88 个百分点。2017 年相比 2016 年新增企业 33 家，其中前四个省级行政区就占了 25 家。此外，江苏、湖北、香港、天津各有 7 家、5 家、4 家、2 家；福建、贵州、辽宁、四川四个省份都仅有 1 家。

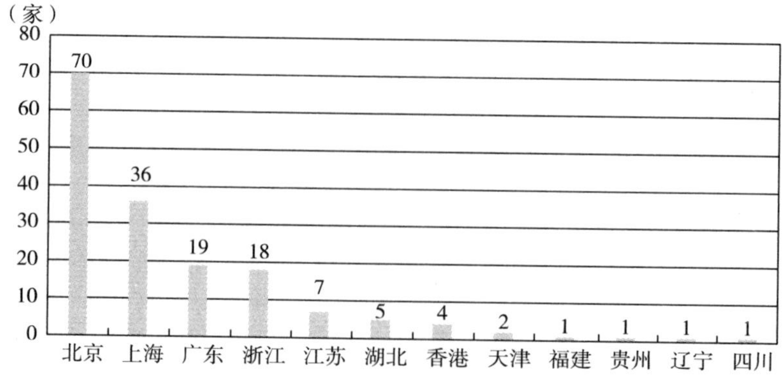

图 1－14　2017 年中国区域独角兽分布

三、2018 年中国区域独角兽分析

根据长城战略咨询公布的《2018 年中国独角兽企业研究报告》，共计 202 家独角兽企业上榜，涉及 15 个省级行政区，相比 2017 年，新增企业 38 家，涉及到的省级行政区多了 3 个，如图 1－15 所示。企业数目更多，涉及区域更广。北京继续保持第一，有 81 家企业，占比 40. 10%；上海、广东、浙江依旧保持前四的排名，分别有 38 家、24 家、20 家；前四名共计 163 家，接近 2017 年总独角兽企业数量，在 2018 年企业中占比 80. 69%，较 2017 年下降了 6. 51 个百分点；江苏和湖北分别有 12 家和 5 家，分别占比 5. 94% 和 2. 48%；山东、陕西、香港都有 4 家，占比 1. 98%；安徽、贵州、江西、四川、天津都有 2 家；宁夏仅有 1 家，为新上榜省级行政区。

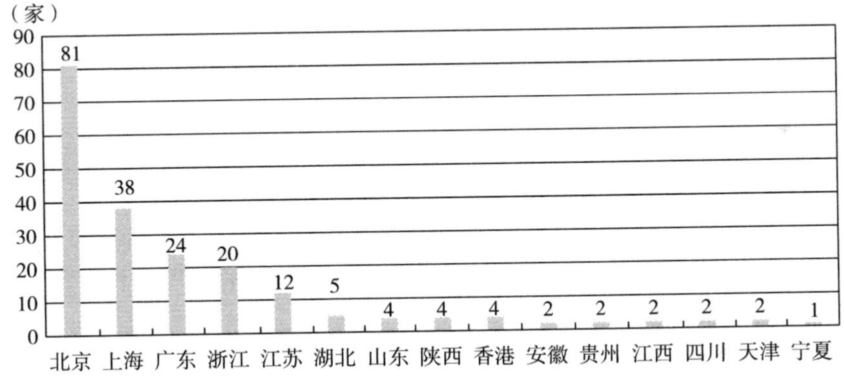

图 1－15　2018 年中国区域独角兽分布

四、2019 年中国区域独角兽分析

根据长城战略咨询公布的《2019 年中国独角兽企业研究报告》，共计 218 家独角兽企业上榜，涉及 17 个省级行政区，相比 2017 年，新增企业 16 家，涉及的省级行政区多了 2 个，如图 1－16 所示。一如既往排名第一的是北京，有 80 家，占比 36. 70%，上海、广东、浙江排名第二、第三、第四，分别有 36 家、31 家、22 家。排名前四的区域累计企业 169 家，占比 75. 52%，江苏排名第五，有 13 家。山东、四川、天津、湖北、陕西、江西分别有 6 家、5 家、5 家、4 家、4

家、3家，企业数目小于3家的省份有安徽、贵州、香港、河北、湖南以及重庆，其中，安徽、贵州、香港各有2家，河北、湖南以及重庆都仅有1家。与2018年相比，2019年独角兽区域分布更为分散。

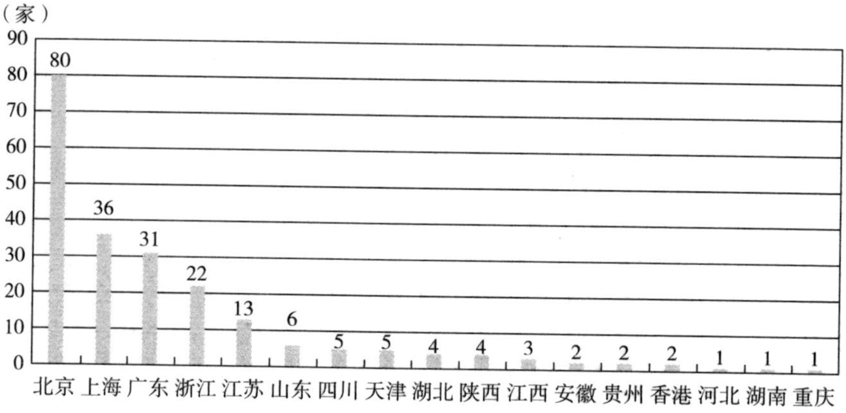

图1－16　2019年中国区域独角兽分布

第五节　跌落神坛的独角兽

受益于独角兽的光环，创业型企业可以快速地获取用户的青睐、资本市场的认可，实现企业的迅猛成长，然而并不是每个独角兽的成长之路都是一帆风顺的。近些年来，多家独角兽发展受到内部因素及外部因素的双重制约，内部表现为企业自身管理不善、治理能力低下、制定错误的战略方向等，外部冲击包括重要政策的改变、市场环境的变化以及资本市场投资热情的降低等。在众多不利因素的影响下，我国部分独角兽已经伤痕累累，陷入发展困境。

市场见证了一批又一批独角兽企业的“裸泳”和挣扎，小到裁员浪潮，大到破产清算，这些企业由受人追捧的独角兽转变为人人避之的“毒”角兽。本节通过锁定进入经营困境的独角兽企业，从企业数量、行业分布、主要原因三个方面对那些从神坛跌落至谷底的独角兽企业进行详细分析，最后以ofo共享单车、瑞幸咖啡为例，简要介绍两者作为独角兽企业的倒闭之路。

一、企业数量

我国身陷泥潭不能自拔的独角兽比比皆是，为了更加全面地找到经营受困的独角兽，通过纵向对比每年的独角兽名单，筛选出跌落榜单的企业。随后对每家企业跌出榜单的原因逐一排查，最终确定了 30 家进入经营困境的独角兽企业，如表 1－3 所示。考虑到榜单的权威性和时效性，2016～2019 年的独角兽名单以长城战略咨询发布的中国独角兽企业报告为准，而 2020 年的独角兽名单以任泽平独角兽榜单为准。

表 1－3　经营受困的独角兽名单

序号	企业名称	所处行业	序号	企业名称	所处行业
1	51 信用卡	互联网金融	16	58 到家	电子商务
2	草根投资		17	车置宝	
3	点融网		18	花生好车	
4	借贷宝		19	万达电商	
5	人人贷		20	闪银奇异	金融科技
6	团贷网		21	随手科技	
7	网信理财		22	挖财	
8	微贷网		23	乐视体育	文化娱乐
9	我来贷		24	乐视影业	
10	有利网		25	瑞幸咖啡	本地生活
11	爱屋吉屋	房产服务	26	九次方大数据	大数据
12	蛋壳公寓		27	知行电动	新能源汽车
13	易到用车	交通出行	28	Tink Labs	软件工具
14	ofo 共享单车		29	安翰科技	生物医药
15	乐视云	云服务	30	乐视移动	智能硬件

二、行业分布

从企业所处的行业来看，经营陷入困境的企业呈现出涉及行业多且小幅集中的特点。30 家企业遍布了 13 个彼此关联性不强的行业。其中互联网金融、电子商务、金融科技行业包含的企业数量最多，分别为10家、4家、3家。而文化娱乐、交通出行、房产服务这三个行业内均有2家陷入经营困境的独角兽企业，剩余的七个行业各有1家发展不好的独角兽，具体如图1－17所示。

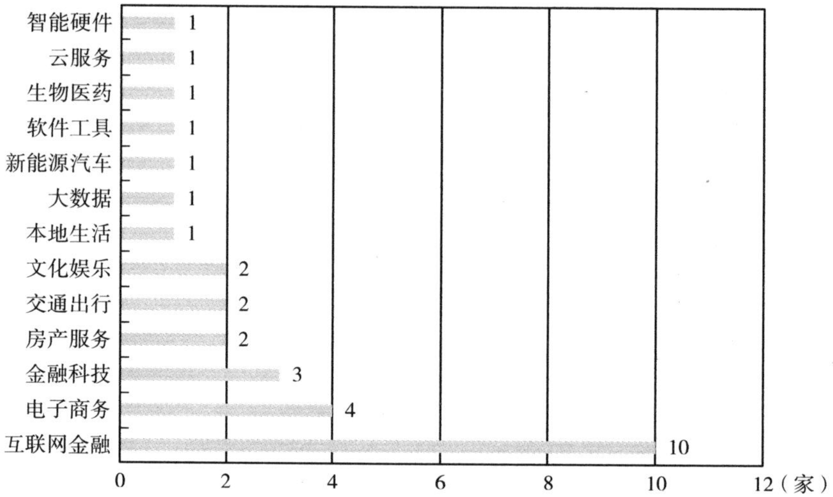

图1－17　陷入经营困境的独角兽所处行业分布

三、主要原因

一家创业公司达到独角兽级别之后，是继续增长突破还是遭遇增长困境，受限于多种因素的影响。通过对30家企业的深度剖析，总结出三类使独角兽发展态势一落千丈的原因。

1. 不负责任，失去底线思维

独角兽虽然是被市场认可的优质成长型企业，但这支队伍中仍然存在着不少“品德败坏”的企业。他们为了自身的利益，全然不顾自己作为有影响力的企业应当承担的责任，失信于合作伙伴、内部员工与企业客户。更为严重的是，企业为了一己私利进行违规操作，缺乏对规则的基本敬畏。虽然这些企业违规经营的原因不同，实现违规的方式手段不同，但一旦违规行为被曝光，这些企业都将陷入举步维艰的困境中，小到损害自身声誉，大到被立案侦查。表1－4是4家涉及违规行为的企业的简要信息。

表 1-4　违规经营的独角兽

企业名称	主要违规内容	生存现状
草根投资	集资诈骗、非法吸收公众存款	处置资产，立案侦查
团贷网	以线上及线下两种形式出售虚假理财产品	扣押资产，立案侦查
51 信用卡	利用爬虫机制非法获取用户的个人信息，暴力催收款项	全面清退 P2P 业务
瑞幸咖啡	以虚增销售收入、虚增成本费用等途径进行财务造假	继续经营，退市立案

2. 战略迷茫，管理能力低下

独角兽企业凭借较高的市场估值，易于在短时间内获得大量的资本投入从而实现公司业务规模的迅速扩大，对于独角兽而言是机会更是挑战。因为独角兽企业大多属于初创型企业或者处于初创期向成长期的转变过程中，其各种机制和制度尚未建立和健全，抵抗风险的能力差，十分容易出现目前的组织、管理、制度与日益扩大的企业规模不适配的问题。以 ofo 共享单车为例，沉迷于外部资本的追捧，只关心市场的扩大，没有时间思考如何通过改进技术降低成本，找不到企业真正的盈利模式，收入来源越来越窄，最终在资本和企业的烧钱游戏中，一步一步走下坡路。

3. 资金短缺，陷入财务危机

部分独角兽过于追求高估值、高市场份额，企业自身的盈利能力低下，过分依赖天使投资，一旦资本市场的热度褪去，企业便陷入左右为难的困境。例如，乐视集团虽然通过资本市场筹集了大量资本，但旗下企业过多，业务全面扩散，业务线过长，导致战略扩张过度，资本链最终断裂，使得旗下的独角兽（乐视云、乐视体育、乐视移动及乐视影业）的发展一落千丈。又如，二手车电商平台车置宝也因资金短缺长期拖欠车主款项、员工工资，现已被列为“失信被执行人”，创始人黄乐被限制消费。

四、案例介绍

1. ofo 共享单车

ofo 共享单车是一个致力于解决城市出行问题的共享单车出行平台，该企业打造的“无桩单车共享”模式拉开了我国共享经济的序幕。回顾该企业的发展历程，不难看出 ofo 共享单车是高开低走企业的典型代表。北京大学毕业生戴维与 4 位合伙共同创立的 ofo，起初的目的是解决大学校园出行问题，2015 年 6 月正式推行 ofo 共享计划，在北京大学校园内成功推出 2000 辆单车。校园内的旗开得胜使得 ofo 声名鹊起，因独特的商业模式和广阔的市场空间，ofo 瞬间成为资本市场的宠儿，由图 1－18 可知，ofo 历经 11 轮融资累计金额高达百亿元之多。

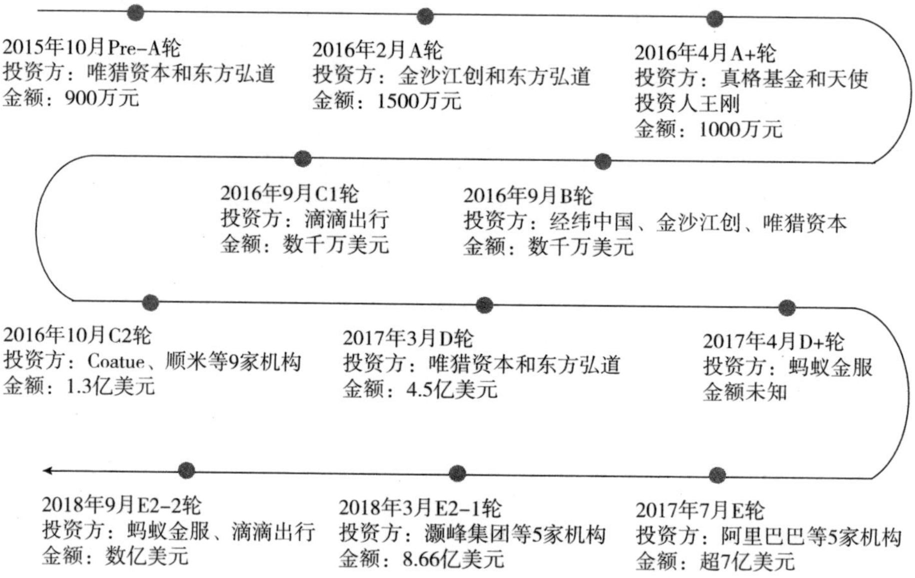

图 1－18　ofo 共享单车融资历程

高密度的资本参与不断刺激着 ofo 拼搏的野心，从 2016 年底开始，ofo 以新加坡为地点全面开拓全球市场，其业务范围一度遍布全球 20 多个国家和地区。然而迅猛的业务扩张速度并没有持续很久，从 2017 年下半年开始，ofo 不断被传出现财务危机，2018 年 1 月，媒体指出 ofo 出现了严重的资金链断裂。对于此类消息 ofo 拒不承认，但从管理层接连制定的全球市场退出战略可以发现，此时的 ofo 已经在走下坡路。

ofo 过分追求用户规模，不计后果地不断扩张业务范围，这种肆无忌惮的“烧钱”路线直接造就了 ofo 的下滑之路。不到三年的时间，从一无所有到估值 40 亿美元的巅峰，再到断崖式下跌到 17.7 亿元。ofo 过山车式的发展轨迹令人唏嘘，随后，裁员浪潮、融资受限、缩减业务、拖欠货款不断。现在的 ofo 命悬一线，已变成了名副其实的“毒”角兽。

2. 瑞幸咖啡

瑞幸咖啡是由原神州优车集团首席运营官（Chief Operating Officer，COO）钱治亚创建的国内新兴咖啡品牌，总部位于厦门。该企业创立于 2017 年 11 月，2019 年 7 月在纳斯达克正式挂牌交易，用 18 个月的时间实现首次公开募股（Initial Public Offering，IPO）上市，是截至目前企业最快上市的纪录保持者，其设立的线下直营门店遍布全国，现已超过 4500 家，是我国最大的连锁咖啡企业，然而 2020 年爆发的财务舞弊事件断送了瑞幸咖啡的发展之路。按照时间脉络对瑞幸咖啡财务造假事件进行详细梳理，如图 1－19 所示。

- 2020年1月31日　知名做空机构浑水发布一份长达89页的匿名报告，报告指出瑞幸咖啡2019年第三季度与第四季度的财务数据造假。
- 2020年2月3日　针对匿名报告，瑞幸咖啡在美国证券交易委员会公开回应，坚决否认造假。
- 2020年2月4日　浑水在推特上发布了第二份来自尘光研究的做空报告，坚称瑞幸咖啡财务数据和业务数据造假。
- 2020年2月5日　美国部分律师事务所启动了针对瑞幸咖啡的集体诉讼。
- 2020年2月10日　瑞幸咖啡发布15条“超过5%披露”的重要公告，涉及股东股权。
- 2020年2月26日　瑞幸咖啡悄然调整新的价格体系，针对全线产品涨价一元。
- 2020年4月2日　瑞幸咖啡“自爆”存在财务造假，金额高达22亿元，股价暴跌75%，市值蒸发约354亿元，当日开盘后6次熔断。
- 2020年4月3日　中国证券监督管理委员会表示高度关注瑞幸咖啡公司财务造假事件，对该公司财务造假行为表示强烈的谴责。
- 2020年4月7日　美股开盘前夕，瑞幸咖啡停牌。
- 2020年5月15日　瑞幸咖啡接到纳斯达克的摘牌通知。
- 2020年5月19日　瑞幸咖啡发布公告，申请听证会为自己辩护。
- 2020年5月23日　纳斯达克通知瑞幸咖啡将于2020年6月25日举行听证会。
- 2020年6月24日　瑞幸咖啡通知纳斯达克放弃听证会。
- 2020年6月27日　瑞幸咖啡声明，将于2020年6月29日在纳斯达克停牌，并进行退市备案。

图 1－19　瑞幸咖啡财务造假时间线梳理

作为一个发展势如破竹的独角兽，瑞幸咖啡的财务舞弊事件无疑是一个致命打击。退市之后，瑞幸咖啡仍然可以以一个私有企业的身份正常经营，但企业的声誉、顾客的忠诚度、资本市场的态度等一系列问题都对瑞幸咖啡日后的经营发展产生不小的挑战。

参考文献

[1] 吕笑颜，石丹 . 51 信用卡：涉暴下的“坑” [J] . 商学院，2019（11）：38 -40.

[2] 汪浚源 . 共享单车：经营现状、盈利模式与经营前景——以摩拜和 ofo 为例 [J] . 领导科学论坛，2017 (7)：78 -80 +86.

[3] 张旭彤 . 独角兽企业盈利持续性问题研究 [D] . 呼和浩特：内蒙古财经大学，2019.

[4] 郑丽萍，赵杨 . 上市公司财务舞弊的成因与治理研究——以瑞幸咖啡公司为例 [J] . 管理现代化，2020 (4)：4 -6.

[5] 张新民，陈德球 . 移动互联网时代企业商业模式、价值共创与治理风险——基于瑞幸咖啡财务造假的案例分析 [J] . 管理世界，2020，36 (5)：74 -86 +11.

第二章　创始人特质与独角兽企业估值

杜文含　范合君[①]

独角兽企业在国家自主创新和经济发展中发挥着举足轻重的作用，初创型企业创始人自身资源禀赋对企业估值至关重要，现有研究却鲜有从创始人角度研究其自身特质与企业估值的关系。本章将创始人特质划分为创始人个体层面、团队层面、环境层面，全面研究创始人自身特质与独角兽企业估值之间的关系。由检验结果可知，创始人教育背景、共同创业人数、共同创业关系、商业关系网络对企业估值的影响有显著性差异，创始人当年创业时的年龄、毕业院校、创业团队成员专业背景、政治关系网络对企业估值无显著影响。本章结论突破以往单纯从个体层面探讨创始人对企业估值的影响的研究局限，从多个层面全面探索创始人特质对企业估值的影响，扩展了创始人特质的内涵，对创业企业、投资者、创业者亦有一定的管理启示。

第一节　引言

随着信息时代的来临，技术的快速进步为高科技企业提供了突破性成长的机会，独角兽企业随之迅速成长起来。根据《2018 年中国独角兽企业研究报告》，截至 2018 年 12 月，中国共有 202 家独角兽企业，总估值 7441 亿美元，主要分布在互联网金融、电子商务、交通出行、智能硬件、云服务等 22 个行业，其中前

---

① 杜文含，首都经济贸易大学硕士研究生；范合君，首都经济贸易大学教授。

沿科技领域占比达32.2%。由此可见，独角兽企业在国家自主创新和经济发展中发挥着举足轻重的作用，但独角兽企业作为初创型企业，面临着复杂的经济环境和激烈的行业竞争，往往具有高失败率、短寿命等问题。因此，如何提升竞争能力应对剧烈变化的市场环境，实现企业的长期可持续发展成为各界关注的重点议题。

针对独角兽这一新兴的研究主题，现有研究从独角兽企业成长环境（陈强等，2018；刘刚、王宁，2018）、培育路径（李金华，2019；陈靖等，2019；周天捷，2019）、估值比较基础与分析框架（宋立丰等，2019）方面进行了有益探索，却鲜有从创始人角度研究其自身特质与企业估值的关系。企业估值是对其内在价值进行评估，公司资产及获利能力决定其内在价值。对于独角兽这类新创企业来说，创始人掌握着大部分资源，是行动的指挥者以及资源的支配者。因此，研究创始人的自身特质及其资源禀赋与企业估值的关系，识别出创始人在独角兽获利能力方面所起到的内在作用，对创业企业、投资者、创业者均具有重要意义。

综上所述，以独角兽企业为研究对象，聚焦于创始人特质与企业估值之间的关系，探索创始人在独角兽企业成长中所起到的内在作用，这不仅关乎每个企业自身的健康成长，对国家自主创新和经济发展也至关重要，具有重要的理论意义和实践意义。

第二节　文献综述

现有关于创始人特质的研究大多集中在创始人个体层面，如高成就动机、风险倾向等（Korunka et al.，2003）。鉴于特质是“相对稳定和连贯的个体特征综合体，能够使个体在不同群体和组织情境中形成一贯的领导绩效模式”（Antonakis et al.，2004），武立东等（2016）认为，创始人共同创业关系等团队层面特质以及政治关系网络、商业关系网络等环境层面特质决定着企业创始人的领导风格。由此，研究将独角兽企业创始人特质划分为个体、团队、环境三个层面，基于这三个层面全面研究创始人自身特质与独角兽企业估值之间的关系。

创始人年龄能够影响其行为方式及对风险的偏好程度，Hambrick 和 Mason（1984）提出，年轻的经营者风险倾向更高，容易接受新的思想。而随着年龄的增长，人们出于职业安全的考虑，风险承受能力减弱，行事往往会更加谨慎。但王洪生、刘德胜（2014）指出，创始人年龄与差异化战略选择呈倒“U”形关系，张玉明、刘德胜（2011）也指出，年龄在40～50岁的企业家的公司绩效平均水平高于其他年龄企业家的公司绩效。这可能是由于处于中年的企业家在管理经验、社会关系以及精力等方面具有优势（王洪生、刘德胜，2014）。

传统观点将创始人受教育水平作为重点研究对象，认为其在一定程度上可以反映一个人的个人能力。创始人的受教育程度往往反映了其知识技能水平以及价值观、认知能力等（Hambrick and Mason，1984），而企业家洞察力、想象力乃至社交能力也在大学教育中得到锻炼与提高。Wiersema 和 Bantel（1992）指出，受教育水平高的创始人往往具有较高的复杂认知度，这有利于企业在复杂多变的市场竞争环境中获取更多的资源，做出合理的判断，从而推动企业良好发展。胡荣（2003）指出，企业家接受的教育越好，其社交层次及深度往往也具有较高的质量，这种通过“关系”获取的更大的支持和外部资源，对企业产生正向影响的可能性也越高。独角兽企业往往分布在计算机科学、生物医药等知识密集型领域，较高的复杂认知度及社交层次有利于创始人获取优质资源、做出合理判断，因此，创始人的学历对企业估值具有重要影响（宋增基等，2012）。

在专业技术方面，这种有价值的知识性资源往往是非标准化的，且能够建立起知识壁垒使得竞争者难以模仿，从而使企业建立起核心竞争优势（Barney，1991）。创始人可以通过知识、信息资源构筑自己的权力基础，使得其他所有者离不开他们在企业经营上特有的专业知识和对管理细节的了解（Miller and Shamsie，1996）。

现代公司在本质上是基于信任构建和共同合作才实现的组织绩效，具有“人合”色彩（刘凯湘、张海峡，2009）。信息资源理论认为，团队个体具备不同知识与技能，能够使团队在面对动态环境时从多个角度看待问题，从而有效整合企业资源，形成竞争优势。孙煜博（2018）通过实证研究也指出，创业团队成员教育背景多样化能够促进企业技术创新效率的提高。创业团队人员间的彼此信任和合作机制也对企业发展有正向影响（莫顿·班纳德森、范博宏，2005），而这种信任与合作机制是以亲情与友情为纽带在长期并肩作战中慢慢建立起来的（武立东等，2016）。因此，创始人团队共同创业人员的专业背景、社会关系等也是影响企业估值的重要因素。

独角兽企业多为新创企业，新创企业的成长具有较强的社会网络依赖性（贺小刚、李新春，2009；Tan，2008；陈晓红、王慧民，2009），关系网络能够为新创企业提供开展活动所必需的知识、信息等独特资源，降低外部环境的不确定性，建立起可持续盈利的商业模式，促进企业发展（陈劲、李飞，2009；吴冰等，2009），武立东等（2016）将创始人环境层面特质细分为政治关系网络及商业关系网络两种类型。

综上所述，以独角兽企业为研究对象，突破以往从创始人个体层面探讨创始人对企业估值的影响的研究局限，将创始人特质按照不同的来源划分为三个层面，即个体层面（包括创始人年龄、创业时年龄、教育背景、毕业院校、专业技术）、团队层面（包括共同创业人数、共同创业人员关系、共同创业人员专业背景）、环境层面（政治关系网络、商业关系网络），基于这三个层面全面探索创始人自身特质对企业估值的影响。

第三节　研究设计

一、研究样本

选取胡润大中华区 2018 年第三季度所公布独角兽公司为研究对象，共 182 家独角兽企业。使用的数据主要通过国泰安数据库，相关企业当年的年报、半年报或招股说明书，各类门户网站或企业官方网站公布的企业家信息等渠道获取。

二、研究变量

被解释变量为企业估值，解释变量分为三个层面，共 9 个指标，测量方法与以往相关研究的测量方法保持一致，以保证其可靠性，具体如表 2－1 所示。

表 2－1　研究变量

变量	变量定义与内容
企业估值	将企业估值分为两组，高于估值平均值为企业估值良好，赋值为 2；低于平均值为企业估值一般，赋值为 1

续表

变量	变量定义与内容
创始人年龄	通过聚类分析进行分组
创始人创业时年龄	通过聚类分析进行分组
创始人教育背景	中专及中专以下赋值为1，大专或者高中赋值为2，本科赋值为3，硕士赋值为4，博士赋值为5
创始人专业技术	独角兽企业创始人从事行业与所学专业相关时赋值为1，否则为0
共同创业人数	通过聚类分析进行分组
共同创业人员关系	独角兽企业创始人同事为1，同学为2，其他为3
共同创业人员专业背景	共同创业人员背景异质为1，同质则为0
政治关系网络	独角兽企业的创始人曾任或现任各级党代会代表、人大代表、政协委员或工商联成员时，赋值为1，否则为0
商业关系网络	建立变量商业关系网络，当企业为其他企业的子公司时赋值为1，否则赋值为0

第四节　数据分析

所选择的企业来自胡润研究院于2018年第三季度所公布的大中华区独角兽公司名单，通过手工查阅与录入，分别从创始人年龄、教育背景、最后毕业院校、专业技术、共同创业人数、共同创业人员关系、团队成员专业背景、政治关系网络以及商业关系网络等创始人特质进行数据分析。

一、个体层面

1. 年龄

根据研究需要，将采用分层数据统计分析，用聚类分析法将年龄分为三组。其中，40岁以下为低年龄组，赋值为1；40～50岁为中年龄组，赋值为2；51岁以上为高年龄组，赋值为3。创始人创业时年龄同理，然后进行列联表分析及卡方检验，结果如表2-2所示。

由表可知，40岁以下的比率为42.6%，41～50岁的比率为39.7%，51岁以上比率仅为17.7%，创业时年龄在40岁以下的比率为75.9%，41~50岁的比率为18.4%，累计达94.3%，创始人刚开始创业时的年龄主要集中在50岁以下，其中40岁以下开始创业较为常见。

表2-2　年龄与企业估值结果分析

		估值水平		企业估值		卡方值	P值
		估值一般	估值良好	N	均值		
年龄	40岁以下	44（83.0%）	9（17.0%）	53（42.6%）	321.51	4.776	0.092
	40~50岁	56（82.4%）	12（17.6%）	68（39.7%）	348.53		
	51岁以上	17（85.0%）	3（15.0%）	20（17.7%）	157.50		
创业时年龄	40岁以下	85（85.0%）	15（15.0%）	100（75.9%）	251.80	1.639	0.441
	40~50岁	28（80.0%）	7（20.0%）	35（18.4%）	497.43		
	51岁以上	4（67.3%）	2（33.3%）	6（5.7%）	216.67		

另外，年龄在51岁以上的创始人的企业估值高的比例为15.0%，年龄在40~50岁的创始人企业估值高的比例为17.6%，年龄在40岁以下的创始人企业估值高的比例为17.0%，三组比率相差不多，由此推断，年龄与企业估值无显著性差异，但仍需进一步检验。由卡方检验可知，卡方值为4.776，P值为0.092>0.05，说明创始人当前年龄对企业估值的影响无显著性差异。

创业时年龄在51岁以上的创始人企业估值高的比例为33.3%，创业时年龄在40~50岁的创始人所在企业估值高于平均水平的比例为20.0%，高于创业时年龄在40岁以下的创始人（15.0%）。但卡方检验结果显示，卡方值为1.639，P值为0.441>0.05，说明创始人创业时年龄对企业估值的影响无显著性差异。

2. 教育背景

由表2-3可知，本科以上学历的创始人占96.2%，创始人教育背景为博士的企业估值高的比例为45.3%，明显高于其他组，创始人教育背景为专科的企业估值低的比例为100%，明显高于其他组，由此推断，独角兽企业创始人学历越高，企业估值也越高，由卡方检验结果可知，卡方值为30.218，P值为0.000<0.05，因此，不同的教育背景对企业估值的影响有显著差异。

表 2-3　教育背景与企业估值结果分析

		估值水平		企业估值		卡方值	P 值
		估值一般	估值良好	N	均值		
教育背景	大专	7（100%）	0（0%）	7（3.8%）	101.43	30.218	0.000
	本科	46（83.6%）	9（16.4%）	55（29.7%）	514.55		
	硕士	48（81.4%）	11（18.6%）	59（31.9%）	199.66		
	博士	29（54.7%）	35（45.3%）	64（34.6%）	143.43		

3. 毕业院校

由表 2-4 可知，创始人毕业于“985”及国外名校的比例为 77.9%，创始人毕业院校为“985”及国外名校企业估值高的比例为 17.9%，略高于其他组，创始人教育背景为非“985”、“211”院校的企业估值低的比例为 89.3%，略高于其他组，由此推断，创始人毕业院校与企业估值有显著性关系，但是由卡方检验结果可知，卡方值为 0.878，P 值为 0.645 >0.05，因此，不同的毕业院校对企业估值的影响无显著差异。

表 2-4　毕业院校与企业估值结果分析

		估值水平		企业估值		卡方值	P 值
		估值一般	估值良好	N	均值		
毕业院校	非“985”、“211”院校	25（89.3%）	3（10.7%）	28（17.7%）	502.50	0.878	0.645
	“211”院校	6（85.7%）	1（14.3%）	7（4.4%）	178.57		
	“985”院校及国外名校	101（82.1%）	22（17.9%）	123（77.9%）	249.02		

4. 专业技术

由表 2-5 可知，独角兽企业创始人具备专业技术的比率为 53.9%，不是行业相关的比率为 46.1%，基本持平，具备专业技术企业估值高的比例为 18.0%，高于不具有专业技术组，且根据分组，具备专业技术组企业估值均值（268.54 亿元）高于不具备专业技术组（167.07 亿元），由此推断，专业技术对企业估值有显著性影响，但是由卡方检验结果可知，卡方值为 1.200，P 值为 0.273 >0.05，结论并不支持推断，是否具备专业技术对企业估值无显著性影响。

表 2-5 专业技术与企业估值结果分析

		估值水平		企业估值		卡方值	P 值
		估值一般	估值良好	N	均值		
专业技术	不具备专业技术	67（88.2%）	9（11.8%）	75（46.1%）	167.07	1.200	0.273
	具备专业技术	73（82.0%）	16（18.0%）	89（53.9%）	268.54		

二、团队层面

1. 共同创业人数

根据研究需要，采用分层数据统计分析，通过聚类分析将共同创业人数分为六组。其中，1~3 人赋值为 1，4~6 人岁赋值为 2，7~9 人赋值为 3，10~12 人赋值为 4，13~15 人赋值为 5，16~18 人赋值为 6，通过列联表分析与卡方检验，检验共同创业人数与企业估值是否具有显著性影响。

由表 2-6 可知，创始人共同创业人数为 10~12 人、15~18 人企业估值高的比例为 100%，高于 4~6 人组（28.1%）和 1~3 人组（9.4%），且根据分组，随着共同创业人数的增多，企业估值均值也在不断增加，由此推断，共同创业人数与企业估值有显著性关系，由卡方检验结果可知，卡方值为 29.762，P 值为 0.000 <0.05，因此，共同创业人数对独角兽企业发展有显著性影响。

表 2-6 共同创业人数与企业估值结果分析

		估值水平		企业估值		卡方值	P 值
		估值一般	估值良好	N	均值		
共同创业人数	1~3 人	116（90.6%）	12（9.4%）	128（78.0%）	189.45	29.762	0.000
	4~6 人	23（71.9%）	9（28.1%）	32（19.5%）	287.81		
	7~9 人	0（0.0%）	2（100%）	2（1.3%）	700.00		
	10~12 人	0（0.0%）	1（100%）	1（0.6%）	1500.00		
	12~15 人	0（0.0%）	0（0.0%）	0（0.0%）	0		
	15~18 人	0（0.0%）	1（100%）	1（0.6%）	10000.00		

2. 共同创业人员关系

由表 2-7 可知，创始人共同创业人员关系为其他社会关系的独角兽企业估值高的比例为 93.1%，高于共同创业人员为同事的独角兽企业估值高的比例（46.2%），由卡方检验结果可知，卡方值为 91.191，P 值为 0.000 < 0.05，因此，创始人共同创业人员的不同关系对独角兽企业估值的影响有显著性差异。

表 2-7　共同创业人员关系与企业估值结果分析

		估值状况		企业估值		卡方值	P 值
		估值一般	估值良好	N	均值		
共同创业人员关系	同事	14（53.8%）	12（46.2%）	26（26.3%）	101.43	91.191	0.000
	同学	13（86.7%）	2（13.3%）	15（15.2%）	514.55		
	其他	4（6.9%）	54（93.1%）	58（58.6%）	199.66		

3. 共同创业人员专业背景

由表 2-8 可知，创始人共同创业人员专业背景同质的独角兽企业估值高的比例（10.1%）低于创业人员异质企业估值高的比例（20.4%），根据分组，共同创业人员专业背景异质企业估值均值（313.19 亿元）高于专业背景同质的企业估值（229.24 亿元）。但由卡方检验结果可知，卡方值为 1.200，P 值为 0.273 > 0.05，因此，创始人共同创业人员专业背景不同对独角兽企业发展的影响无显著性差异。

表 2-8　共同创业人员专业背景与企业估值结果分析

		估值水平		企业估值		卡方值	P 值
		估值一般	估值良好	N	均值		
共同创业人员专业背景	同质	71（89.9%）	8（10.1%）	79（45.9%）	229.24	1.200	0.273
	异质	74（79.6%）	19（20.4%）	93（54.1%）	313.19		

三、环境层面

1. 政治关系网络

由表 2-9 可知，创始人曾任或现任各级党代会代表、人大代表、政协委员或工商联成员等政治方面职务的独角兽企业估值高的比例（18.7%）高于不具备政治网络关系的创始人企业估值高的比例（14.2%）。但由卡方检验结果可知，卡方值为0.422，P值为0.582 >0.05，因此，创始人是否具备政治关系网络对独角兽企业发展无显著性影响。

表2-9　政治关系网络与企业估值结果分析

		估值水平		企业估值		卡方值	P值
		估值一般	估值良好	N	均值		
政治关系网络	不具备	115（85.8%）	19（14.2%）	75（45.7%）	309.78	0.422	0.582
	具备	26（81.3%）	6（18.7%）	89（54.3%）	155.76		

2. 商业关系网络

由表2-10可知，具备商业网络关系企业估值高的比例为25.8%，高于不具备商业网络关系组（8.6%）。由卡方检验结果可知，卡方值为9.097，P值为0.003 <0.05，因此，创始人是否具备商业关系网络对独角兽企业发展有显著性影响。

表2-10　商业关系网络与企业估值结果分析

		估值水平		企业估值		卡方值	P值
		估值一般	估值良好	N	均值		
商业关系网络	不具备	96（91.4%）	9（8.6%）	105（62.9%）	174.95	9.097	0.003
	具备	46（74.2%）	16（25.8%）	62（37.1%）	454.35		

研究发现，如表2-11所示，在个体层面，年龄对企业估值无显著性影响，但由频率分布可知，创始人刚开始创业时的年龄主要分布在50岁以下，而且40岁以下开始创业较为普遍。创始人教育背景对企业估值有显著性影响，而创始人毕业院校对企业估值无显著性影响，但名校高学历在独角兽创始人中较为普遍。创始人是否具备专业技术对独角兽企业估值无显著性影响。在团队层面，共同创业人数对企业估值有显著性影响，且共同创业人数越多，企业估值越高。创业伙伴关系对企业估值存在显著性影响，创始人共同创业人员专业背景是否同质对企业估值无显著性影响。在环境层面，研究发现政治关系网络对企业估值无显著性影响，商业网络关系对企业估值有显著性影响。

表 2－11 实证分析结果

创始人特质层面	各变量与企业估值	卡方检验结果
个体层面	创始人年龄与企业估值	不显著
	创始人创业时年龄与企业估值	不显著
	创始人教育背景与企业估值	显著
	创始人毕业院校与企业估值	不显著
	创始人专业技术与企业估值	不显著
团队层面	共同创业人员人数与企业估值	显著
	共同创业人员关系与企业估值	显著
	共同创业人员专业背景与企业估值	不显著
环境层面	政治关系网络与企业估值	不显著
	商业关系网络与企业估值	显著

第五节 研究结论与管理启示

创始人特质按照不同的来源可划分为三个层面，即个体层面（包括创始人年龄、创业时年龄、教育背景、毕业院校、专业技术）、团队层面（包括共同创业人数、共同创业人员关系、共同创业人员专业背景）、环境层面（政治关系网络、商业关系网络），基于这三个层面全面探究创始人自身特质对企业估值的影响，发现独角兽企业估值与创始人特质有一定关系。

首先，在个体层面，研究发现年龄对企业估值无显著性影响，但创始人刚开始创业时的年龄主要集中在 50 岁以下，其中 40 岁以下开始创业较为常见。这可能是由于处于中年的企业家在管理经验、社会关系以及精力等方面具有优势（王洪生、刘德胜，2014）。

创始人受教育程度对企业估值有显著影响，且随着受教育程度的提高，独角兽企业的估值也呈现上升趋势，这是由于受教育水平高的创始人具有较强的洞察力、想象力、社交能力以及复杂认知度，有利于创始人在复杂多变的市场环境中识别机会，做出合理的判断，从而有效整合资源，推动企业健康成长。创始人毕业院校对企业估值无显著性影响，但名校高学历在独角兽创始人中较为普遍。

创始人是否具备专业技术对企业估值无显著性影响。但具备专业技术企业估值高的比例高于不具备专业技术企业，且根据分组，具备专业技术企业估值均值高于不具备专业技术企业，这是因为有价值的、难以复制和模仿的知识性资源能为企业带来持续的竞争优势（王春艳等，2016）。

其次，在团队层面，共同创业人数对企业估值有显著影响，且共同创业人数越多，企业估值均值越高，由此可见，“众人拾柴火焰高”，共同创业人员越多，越能够为创业团队带来多种多样的资源与能力。

创业伙伴关系为同学的企业估值高的比例依次低于同事组、其他社会关系组。这可能是由于当创业合作伙伴关系为同事或同学时，相似的教育经历及工作经历使得团队成员的态度、价值观及思维方式表现为较低的异质性，团队成员之间信息、知识资源、价值观等的同质性较强，团队难以从多元化视角分析企业现状，且大学生创业由于缺乏一定知识技能和经验，失败率较大。而朋友亲人或夫妻等其他社会关系具备不同的知识技能与价值观，表现为较强的异质性，能够使团队在面对动态环境时从多个角度看待问题，从而有效整合企业资源，形成竞争优势。

创始人共同创业人员专业背景是否同质对企业估值无显著性影响。但创始人共同创业人员专业背景同质的独角兽企业估值高的比例低于创业人员异质企业估值高的比例，且根据分组，共同创业人员专业背景异质企业估值均值高于专业背景同质的企业，原因可能在于共同创业人员专业背景异质有助于多元化观点的产生，提高团队分析和解决问题的能力，进而产生良好的决策与绩效（陈汉辉等，2019）。

最后，在环境层面，研究发现政治关系网络对企业估值无显著性影响，商业关系网络对企业估值有显著性影响。这可能是由于创业企业与生俱来的“新创负债”，如资源有限和未能与顾客、供销商建立稳定的联系等，使创业企业拥有着高失败率（李锐，2017）。因此，在企业创立初期，母公司能为创业企业获取资源和商业机会提供渠道和路径，从而促进创业企业的绩效和估值的提升（Hite，2005）。而大量利好政策能为独角兽企业发展保驾护航，政治关系网络对其影响甚微。

根据以上结论，研究得出以下管理启示：①研究发现不同的创始人特质对企业估值的影响不同，可以帮助投资者识别出具有重要影响的创始人特质，并从创始人角度了解独角兽企业的投资价值，同等条件下可优先向企业家具有较高教育水平，共同创业人员人数较多，共同创业人员关系为朋友、夫妻等社会关系，共同创业人员专业背景异质，具有商业关系网络的科技型创业企业进行投资；②为创始人和创业人员提供借鉴，帮助创始人及创业人员识别对企业估值具有重要作用的特质，如教育背景的重要性、选择共同创业人员需要注意的方面以及建立商业关系网络的重要性。

此外，研究还存在一定的局限性。首先，研究中创始人特质的内涵有待进一步完善，除上述创始人特质外，还应包括创始人的价值观、态度、风险倾向等。其次，要全面深入了解影响企业估值的有效变量，相对于个体而言，进一步研究群体行为可能更具有理论解释力。最后，创始人特质各统计变量之间可能存在交互作用，例如，受过高等教育的人可能不具备与创业企业相关的专业技术，要想综合考量各变量对企业估值的影响，则需要更多的数据资料支持，但独角兽企业数量不足，因此，扩展研究对象，丰富研究变量，综合研究各变量对独角兽企业估值的影响，亦将是未来研究的方向。

参考文献

[1] 陈强，肖雨桐，刘笑．京沪独角兽企业成长环境比较研究——城市创新创业生态体系的视角 [J]．同济大学学报（社会科学版），2018，29（5）：106－114.

[2] 刘刚，王宁．创新区与新经济的起源关系和动力机制研究——基于北京海淀区独角兽企业的价值网络分析 [J]．南京社会科学，2018（12）：31－40.

[3] 李金华．中国冠军企业、“独角兽”企业的发展现实与培育路径 [J]．深圳大学学报（人文社会科学版），2019，36（1）：68－76.

[4] 陈靖，徐建国，唐涯等．独角兽企业的兴起：典型事实和驱动因素 [J]．上海金融，2019（2）：12－20＋49.

[5] 周天捷．加快培育独角兽企业的对策建议——以无锡市为例 [J]．江南论坛，2019（4）：13－14.

[6] 宋立丰，祁大伟，宋远方．中国新兴独角兽企业估值比较基础与分析框架 [J]．科技进步与对策，2019，36（3）：70－76.

[7] Korunka C.，Frank H.，Lueger M.，et al. The Entrepreneurial Personality in the Context of Resources，Environment and the Startup Process—A Configurational

Approach [J]. Entrepreneurship Theory and Practice, 2010, 28 (1): 23 -42.

[8] Antonakis J., Cianciolo A. T., Sternberg R. J. Leadership: Past, Present and Futurelmi [A] //The Nature of Leadership [M]. Boston: Sage Publications, 2004: 3 -15.

[9] 武立东，丁昊杰，王凯．民营企业创始人特质与公司治理机制完善程度对职业经理人引入影响研究 [J]．管理学报，2016，13 (4)：505 -515.

[10] Hambrick D. C., Mason P. A. Upper Echelons: The Organization as a Reflection of its Top Managers [J]. The Academy of Management Review, 1994, 9 (2): 193 -206.

[11] 王洪生，刘德胜．企业家背景特征、竞争战略与中小企业估值——基于中小制造业上市公司实证 [J]．北京理工大学学报（社会科学版），2014，16 (3)：75 -82.

[12] 张玉明，刘德胜．企业文化、人力资源与中小型科技企业估值关系研究 [J]．科技进步与对策，2010，27 (5)：82 -89.

[13] Wiersema M. F., Bantel K. A. Top Management Team Demography and Corporate Strategic Change [J]. Academy of Management Journal, 1992, 35 (1): 91 -121.

[14] 胡荣．社会经济地位与网络资源 [J]．社会学研究，2003 (5)：58 -69.

[15] 宋增基，王宏军，张宗益．高科技企业创始人特征、持股和公司业绩关系研究 [J]．科技进步与对策，2013，30 (7)：90 -96.

[16] Barney J. Firm Resources and Sustained Competitive Advantage [J]. Journal of Management, 1991, 17 (1): 99 -120.

[17] Miller D., Shamsie J. The Resource - Based View of the Firm in Two Environments: The Hollywood Film Studios from 1936 to 1965 [J]. Academy of Management Journal, 1996, 39 (3): 519 -543.

[18] 刘凯湘，张海峡．论商法中的人合性 [A] //王保树．商事法论文集 [M]．北京：法律出版社，2009：25 -26.

[19] Athanassiou N. A., Roth K. International Experience Heterogeneity Effects on Top Management Team Advice Net - works: A Hierarchical Analysis [J]. Management International Review, 2006, 46 (6): 749 -77.

[20] Bjornali E. S., Knockaert M., Erikson T. The Impact of Top Management Team Characteristics and Board Service Involvement on Team Effectiveness in Higher Tech Start – ups [J]. Long Range Planning, 2016, 49 (4): 447 – 463.

[21] Thiess D, Siren C, Grichnik D. How does Heterogeneity in Experience Influence the Performance of Nascent Venture Teams: Insights From the US PSED II Study [J]. Journal of Business Venturing Insights, 2016 (5): 55 – 62.

[22] 孙煜博. 创业团队知识异质性与技术创新效率关系研究 [D]. 扬州大学, 2018.

[23] 莫顿·班纳德森, 范博宏. 家族企业规划图 [M]. 陈密容, 付兆琪译. 北京: 东方出版社, 2015.

[24] 贺小刚, 李新春. 企业家能力与企业估值: 基于中国经验的实证研究 [J]. 经济研究, 2005 (10): 101 – 111.

[25] Tan J. Breaking the "Bamboo Curtain" and the "Glass Ceiling": The Experience of Women Entrepreneurs in High – tech Industries in an Emerging Market [J]. Journal of Business Ethics, 2008, 80 (3): 547 – 564.

[26] 陈晓红, 王慧民. 我国不同地区的创业特征比较研究 [J]. 中国软科学, 2009 (7): 115 – 123 + 143.

[27] 陈劲, 李飞. 中小企业全面创新管理模式的关键维度研究 [J]. 管理工程学报, 2009, 23 (S1): 71 – 80.

[28] 吴冰, 王重鸣, 唐宁玉. 高科技产业创业网络、绩效与环境研究: 国家级软件园的分析 [J]. 南开管理评论, 2009, 12 (3): 84 – 93.

[29] 王春艳, 林润辉, 袁庆宏等. 企业控制权的获取和维持——基于创始人视角的多案例研究 [J]. 中国工业经济, 2016 (7): 144 – 160.

[30] 陈汉辉, 武佩剑, 张献民. 谁动了创业团队的"奶酪"? ——基于 fsQCA 的团队异质性、团队互动及领导风格比较分析 [J]. 财经论丛, 2019 (3): 83 – 93.

[31] 李锐. 创业企业关系网络、商业模式设计与组织绩效的关系研究 [D]. 北京: 对外经济贸易大学, 2017.

[32] Hite J. M. Evolutionary Processes and Paths of Relationally Embedded Network Ties in Emerging Entrepreneurial Firms [J]. Entrepreneurship Theory and Practice, 2005, 29 (1): 113 – 144.

第三章　创始人经历与独角兽企业估值

刘　琳[①]

本章主要研究创始人经历与独角兽企业估值之间的关系，从创始人创业经历、创业次数、工作经历、留学经历与政治经历几个方面梳理了创始人经历对独角兽企业估值的影响机制。利用 SPSS21.0 对收集到的数据进行分组和卡方检验。研究发现：独角兽企业创始人的创业经历、工作经历均与独角兽企业估值呈显著正相关，创始人的创业次数与独角兽企业估值的关系呈显著的倒“U”形，而创始人的留学经历与政治经历则对独角兽企业估值没有显著影响。

第一节　引言

2013 年美国著名 Cowboy Venture 投资人 Aileen Lee，将市场上成立时间较短（成立不超过 10 年）、由投资人或者估值机构估值超过 10 亿美元的创业公司，统称为“独角兽”。从那时起，“独角兽”这个词开始在世界各国流传开来，对于中国来说，独角兽企业更是受到越来越多的关注。根据胡润研究所 2018 年第三季度披露出来的榜单，我国已经有 181 家独角兽企业，甚至在第三季度平均每 2.6 天就产生一家独角兽企业，可见独角兽企业发展十分迅速。

我国在很多方面支持独角兽企业的发展。在政策方面，习近平在党的十九大报告中明确提出了要促进中国经济发展的新旧动能转换的观点，我国 2018 年的

① 刘琳，首都经济贸易大学硕士研究生。

政府工作报告中也明确提出了要“支持优质创新型企业上市融资”。药明康德在2018年上市时从预披露到上会仅用了50天，而不久之后的另一家独角兽企业宁德时代IPO过会仅用了24天，可见政府对独角兽企业发展的支持态度。另外，目前许多独角兽企业正在借助资本的支持大力发展。自2018年初，数千亿的资本疯狂涌入独角兽企业，为独角兽企业的发展带来新的契机，这是属于资本的力量，可见金融也在助力独角兽企业的发展。所以，对独角兽企业的研究很有意义，但是目前我国对独角兽企业的研究还主要集中在如何成为独角兽企业的层面。刘程（2017）将企业分为四个类型，分别为产品型、平台型、方案型以及生态型，并提出了这四个类型的企业分别如何成为独角兽企业，但并没有提到是什么因素促进了独角兽企业的发展。由于创始人是企业的掌舵人，为企业构建组织结构，并在关键时刻为企业确定战略方向，可以说一个企业是由其创始人一步步带领发展起来的，在某些家族企业中，创始人甚至拥有绝对的决策权，可见其对企业的发展是至关重要的，而宋立丰等（2019）认为，独角兽企业之间的比较基础是围绕其企业估值进行的，所以，笔者主要在创始人层面探究独角兽企业的创始人经历与企业估值之间的关系，研究创始人的什么经历会影响独角兽企业的估值，创始人的各种经历又是如何影响独角兽企业估值的。

第二节 文献综述

一、创始人

“创业者”一词由Cantillon于1755年首次引入经济学领域，随后国内外众多学者都开始对创业者的含义进行界定。王玉帅、尹继东（2009）将创业者界定为能够看到市场上存在的机会，并通过创办企业试图获得机会带来的收益，而同时又必须为决策错误承担风险的人。对于一个具体的企业而言，创业者是其所创办企业的创始人，创始人进行创业活动来发挥自己的作用，从广义上来说，创业活动中的所有参与人员都是创始人，而无论其担任什么角色和承担多少义务；从狭义上来说，只有创业活动中的重要人员，即做出重大决策的人员，才能被称为创始人（林强等，2011）。笔者主要引用徐琳等（2018）的观点，将创始人定义为创办企业并带领其壮大的人。

二、创业经历

从创始人创业经历的角度来看，一方面，很多学者认为创始人创业经历能够促进企业的发展。例如，Rerup（2005）指出，基于人力资本理论，创业者先前创业经验能够为其带来丰富的人力资本和社会资本，而这些资本推动着企业的发展。另外，有创业经历的创始人相对于新创业者来说，更加清楚如何获得资金，他们也更得天使投资人看重，因为投资人认为无论是成功的经历还是失败的经历都可以避免创始人在之后的创业路上走弯路（Hsu，2013）。另一方面，还有很多学者认为创始人的先前创业经历与企业绩效无关。例如，Ucbasaran 等（2009）认为，当环境高度不确定时，创始人的创业经历不会对其创业活动起到直接的指导作用，创业经历不能显著影响企业的绩效。

三、创业次数

从创始人创业经历的角度来看，有创业经历的创始人会有利于企业的发展，例如，Dyke 等（1992）通过研究证明，创业次数与新创企业的绩效呈正相关，因为随着创始人创业次数的增加，能够积累更多经验，获得的经验可以转化为创业者的能力，从而促进新企业的成长与发展。但是，也有学者指出，创始人的创业次数的增加会导致创始人过度自信，影响对创新性机会的识别，从而阻碍企业的发展（Ucbasaran and Wright，2008）。

四、工作经历

从创始人工作经历的角度来看，一方面，创始人先前的工作能够帮助他们积累行业知识、人际关系以及如何与上司下属进行沟通等经验。谢军和周南（2015）指出，创业者的先前工作经历有利于他们获得风险投资，因为投资人认为有工作经验的人尤其是有相关行业经验的创始人，所做项目的成功率更高。创业者通过工作还能够与他所接触过的客户、供货商、公共部门等建立良好的合作关系，这些关系能够为创业者的企业提供大部分所需要的资源，从而促进企业的发展（Davidsson and Honig，2003）。但是，有工作经历的创始人可能更注重所工作的领域，不利于企业的多元化发展，对企业的经营绩效有不利影响（陈传明、孙俊华，2008）。

五、留学经历

从创始人留学经历的角度来看，一方面，留学经历能够使创始人的眼界更加开阔，也为企业带来了先进的科学技术和管理经验，以及庞大的国际人脉关系，例如，王文岩等（2014）通过研究证明，创始人的海外留学经历有助于他们利用国际资源，增强企业的获利能力。而且有留学经历的创始人有丰富的知识储备，更容易发现市场上转瞬即逝的机会（董洁林，2013）。另一方面，有留学经历的创始人接受了与国内不同的文化，在国内创业可能会遇到文化冲突，而这对于企业绩效有不利影响（刘澄、吴鸣鸣，2008）。

六、政治经历

从企业创始人政治经历的角度来看，很多学者从不同的方面证明了创始人的政治经历有利于企业的发展。一方面，资源基础观指出，企业资源的多少和质量决定了企业绩效，而我国的资源由政府进行分配与审批，如果企业的创始人有政治经历，那么，政府在分配资源时可能会向企业倾斜，有利于企业获得所需要的资源（张平、黄智文，2015）。另一方面，具有政治经历的创始人，尤其是作为人大代表的创始人，可以和政府保持良好的沟通，及时得知政策的动向，还能与各级政府官员进行交流，建立和维持良好的关系（梁婷等，2011）。但是 Fan、Wong 和 Zhang（2007）通过研究提出了相反的观点，认为有政治经历的创始人所在的企业在市场业绩、销售利润率等经营性指标方面都要低于其他企业。

综上所述，创始人的创业经历、创业次数、工作经历、留学经历与政治经历与独角兽企业的发展密切相关，但是其关系如何并没有统一的结论，因此，应利用中国企业的具体数据，进行进一步的研究。

第三节 理论分析与研究假设

在创办企业之初，创始人可能会遇到各种各样的困难，而创始人之前的创业经历在一定程度上帮助他们渡过一个个难关，并可以帮助他们积累人脉、积攒资金等。具备相关行业背景的创始人积累了有关顾客需求与竞争者行为的信息，以及有关于行业内的规则、规范等信息，这是“行外人”难以获取的。这些知识和信息能够帮助创始人更加快速地识别市场上的机会，分析市场上的不确定性，进而减少了创始人在带领企业发展过程中的迷茫。有创业经历的创始人都曾经受过各种考验和磨难，这些经历能够帮助创始人在之后的创业活动中积极调整自己的心态，进而在困境和压力下做出正确的决策（Politis，2005）。另外，基于人力资本理论，创业者的先前创业经历中蕴含着宝贵的信息，有创业经历的人更善于洞悉商机，坚定创业步伐，而且他们的个性更成熟、圆润。所以，与创业新手相比，有创业经历的人更受风险投资者的垂青，因而更容易获得投资，进而促进企业的发展，提升企业的获利能力。基于此，提出以下假设：

H3－1：创始人创业经历与独角兽企业估值呈正相关。

连续创业者在创业者群体中占很高的比例。英国的连续创业者占其创业者总数的19%～25%，德国的连续创业者占据其创业者总数的18%，美国占12.5%，芬兰的连续创业者占比达到了30%，而我国连续创业者则约占创业者总数的12.5%（赵文红等，2014）。可见，连续创业者目前已经成为我国创业者群体中很重要的一部分。然而，创业次数与企业估值的关系目前并不明朗。一方面，无论创始人之前的创业经历成功与否，随着创业次数的增加，创始人通过学习可能会增强认知能力与对问题的处理能力。但是由于创始人的性格和承受能力不同，随着创业失败次数的增加，创始人可能会受到打击，积极性降低，而且多次的失败经历也可能会降低创始人的效能期望。另外，随着成功创业次数的增加，创始人的思维模式可能会形成范式，创新性降低，也可能会过度自信，不利于企业估值的提高。基于此，提出以下假设：

H3－2：创始人创业次数与独角兽企业估值呈倒“U”形关系。

工作能够教会人很多，在工作中能够通过观察老板与下属的交流学习如何与下属进行沟通，无论是在大公司还是小公司，都存在公司政治，这是在学校学不到的知识，通过工作经历了解公司政治，可以学习如何处理好各种人际关系。而且在工作中能够学习企业的管理经验，如果靠自己摸索管理经验，会花费很长的时间，通过工作就可以参考所在企业的管理方法。而且有工作经历的创始人能够更快地看清市场或者消费者真正需要的到底是什么，可以针对他们所需创造出更好的产品。买忆媛和辜雪娜（2011）认为，创始人先前的工作经历能够帮助创始人识别创业机会和整合各种资源。在工作中还能够与供应商、客户等打好关系，如果创始人是刚毕业的大学生，当他去联系供应商或者客户的时候，很有可能会碰壁，但是当他作为员工去联系客户的时候，因为代表的是所在的企业，所以能够与客户进行更顺利的交流，当其能够维持住与客户的良好关系时，客户甚至是客户的人际关系网络就会成为创始人创业路上的很大的支撑，有利于所创办企业的发展，进而提升企业的估值。基于此，提出以下假设：

H3-3：创始人工作经历与独角兽企业估值呈正相关。

从创始人留学经历的角度来看，国外先进的教育可以让创始人学到先进的技术和管理经验，而且国外创业氛围浓厚，资源也多，很多留学的人都会选择在国外开展第一次创业，这使他们获得了人生的第一桶金，也为后来的创业积攒了经验。留学经历可以丰富一个人的阅历，锻炼其独立思考的能力与人际交往的能力，这些在创业时都会使创始人受益良多。而且留学经历使创始人接触了不同的文化与不同的思维方式，在遇到困难时他们可能会使用不同的思考问题的方式，发现市场上其他人没有发现的机会。正如黎赔肆和李利霞（2011）研究表明，有留学经历的创始人更善于识别商业机会，甚至是利用弱关系来识别商业机会。基于此，提出以下假设：

H3-4：创始人的留学经历与独角兽企业估值呈正相关。

企业创始人的政治经历能为其带来很多资源与人际关系网络，这些资源有助于创始人进行生产、获得信息以及拉拢客户等，而且创始人在工作中可以通过政府人员的关系网络给企业增加商业机会，会在一定程度上增强企业的获利能力。另外，有政治经历的创始人行事会更加谨慎，而且企业更容易得到客户认可。正如郏宝云等（2017）认为，政治经历可以提高企业的社会责任的总体表现，企业履行社会责任会增强社会民众对企业的认同感，可以促进企业的长远发展，进而提高企业的价值。基于此，提出以下假设：

H3-5：创始人的政治经历与独角兽企业估值呈正相关。

第四节 变量设计与定义

一、被解释变量

参考宋立丰等（2019）的观点，认为独角兽企业之间的比较基础是围绕其企业估值进行的，所以，采取的被解释变量为独角兽企业的估值。

二、解释变量

所谈创始人经历包括创业经历、创业次数、工作经历、留学经历以及政治经历。创业经历指创始人在创办所研究的企业前是否曾创办其他企业，独自创办或作为联合创始人均视为具有创业经历。创业次数指创始人在创办该企业前所创办企业的个数，无论是成功的创办还是企业破产或出售，均包括在内。另外，为了研究更加全面，创始人的工作经历、留学经历与政治经历也包括在内。各变量具体定义如表3－1所示。

表3－1　变量及其定义

变量名称	变量定义
企业估值	将企业估值分为两组，企业估值平均值以下为估值低，赋值为1；企业估值平均值以上为估值高，赋值为2
创业经历	创始人有创业经历，赋值为1；没有创业经历，赋值为0
创业次数	创始人创业次数为一次，赋值为1；两次赋值为2；三次及以上，则赋值为3；未曾创业，赋值为0
工作经历	若创始人曾在其他公司工作，赋值为1；否则为0
留学经历	若创始人曾去国外学习，赋值为1；否则为0
政治经历	当创始人曾任或现任各级党代会代表、人大代表、政协委员的，或者曾在政府部门工作的，赋值为1；否则为0

第五节　数据分析

所选择的企业来自胡润大中华区2018年第三季度所公布独角兽公司名单，通过手工查阅与录入，分别从创始人的创业经历、创业次数、工作经历、留学经历与政治经历几个方面进行数据分析。

一、创业经历

根据研究需要，对创始人有无创业经历进行分组，没有创业经历的赋值为0，有创业经历的赋值为1。由表3－2可知，在估值低的企业中，没有创业经历的创始人所占比重稍高一些，为57.5%，而在估值高的企业中，有创业经历的创始人所占的比重远远高于没有创业经历的创始人，为72.2%。通过分组，也可以看到，有创业经历的创始人所在企业的估值均值明显高于没有创业经历创始人的企业。由此推出，企业创始人的创业经历与独角兽企业的估值呈显著正相关，卡方检验与Fisher精确检验也支持这一结论，H3－1得到验证。

表3－2　企业估值与创业经历统计

		N	估值均值	企业估值		卡方值	P值	Fisher精确检验
				估值高	估值低			
创业经历	无	74	168.78	5（27.8%）	69（57.5%）	5.560	0.018	0.023
	有	64	266.88	13（72.2%）	51（42.5%）			

二、创业次数

根据研究需要，对创始人的创业次数进行分组，主要分为创业次数为0次、创业次数为1次、创业次数为2次、创业次数为3次及以上。由表3－3可知，在企业估值高的组中，创业1次的创始人所占比例最高，之后是没有创业经历与创业经历为2次的创始人，创业次数为3次及以上的创始人所占比例最低。但是根据分组情况可以看到，两个分析的数据趋势不同，这种情况的出现可能是由于在2次与3次及以上两栏中的企业估值存在极值，所以推出创始人的创业次数与独角兽企业估值存在显著关系的结论，且这种关系呈倒“U”形，如图3－1所示。卡方检验也支持这一结论，H3－2得到验证。

三、工作经历

根据研究需要，对创始人有无工作经历进行分组，没有工作经历的赋值为

0，有工作经历的赋值为1。由表3－4可知，无论是在估值高的一组还是估值低的一组，有工作经历的创始人所占比重均高于没有工作经历的创始人，在估值高的一组中，差别更为显著。另外，有工作经历的创始人所在企业的估值均值明显高于没有工作经历的创始人的企业。由此推出，企业创始人的工作经历与独角兽企业的估值呈显著正相关，卡方检验与Fisher精确检验也支持这一结论，H3－3得到验证。

表3－3　企业估值与创业次数统计

		N	估值均值	企业估值		卡方值	P值
				估值高	估值低		
创业次数	0次	74	168.78	4（23.5%）	70（59.3%）	9.879	0.02
	1次	32	174.06	6（35.3%）	26（22.0%）		
	2次	21	228.57	4（23.5%）	17（14.4%）		
	3次及以上	8	763.75	3（17.6%）	5（4.2%）		

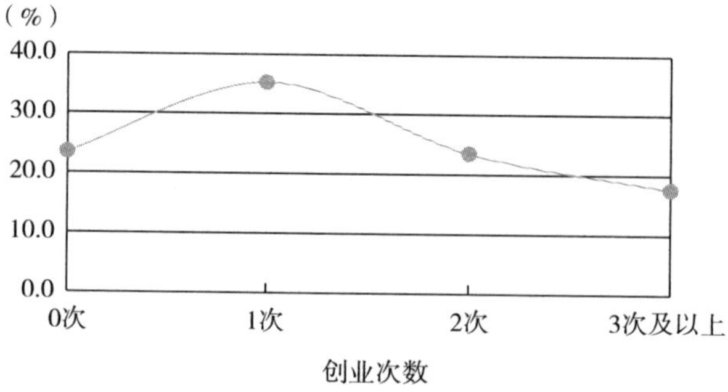

图3－1　不同创业次数占估值高企业的比例

表3－4　企业估值与工作经历统计

		N	估值均值	企业估值		卡方值	P值	Fisher精确检验
				估值高	估值低			
工作经历	无	32	122.81	1（4.3%）	31（24.6%）	4.732	0.03	0.028
	有	117	261.28	22（95.7%）	95（75.4%）			

四、留学经历

根据研究需要，对创始人有无留学经历进行分组，没有留学经历的赋值为0，有留学经历的赋值为1。由表3－5可知，无论是在估值低的企业还是在估值高的企业中，有留学经历的创始人的占比都很低，而且没有留学经历的创始人所在企业的估值均值明显高于有留学经历的创始人的企业。但是，卡方检验和Fisher精确检验没有支持这一结论，即认为创始人的留学经历与独角兽企业的估值没有显著联系，H3－4没有得到验证。

表3－5　企业估值与留学经历统计

		N	估值均值	企业估值		卡方值	P值	Fisher精确检验
				估值高	估值低			
留学经历	无	111	241.62	17（73.9%）	94（75.2%）	0.017	0.896	1.000
	有	37	160.81	6（26.1%）	31（24.8%）			

五、政治经历

根据研究需要，对创始人有无政治经历进行分组，有政治经历的赋值为1，没有政治经历的赋值为0。由表3－6可知，无论是在估值低的企业还是在估值高的企业中，没有政治经历的创始人的占比均高于有政治经历的创始人的占比，而且在分组中也显示，没有政治经历的创始人的企业估值均值更高，但是卡方检验和Fisher精确检验却没有支持这一结论，认为创始人的政治经历与独角兽企业的估值没有显著联系，H3－5没有得到验证。

表3－6　企业估值与政治经历统计

		N	估值均值	企业估值		卡方值	P值	Fisher精确检验
				估值高	估值低			
政治经历	无	123	236.26	17（73.9%）	106（78.5%）	0.242	0.623	0.596
	有	35	160.00	6（26.1%）	29（21.5%）			

第六节　研究结论与政策建议

一、研究结论

从独角兽企业创始人的创业经历、创业次数、工作经历、留学经历以及政治经历五个方面对创始人经历与独角兽企业估值的关系进行研究，结论表明，创始人的经历与独角兽企业的估值有一定的联系。

第一，创始人的创业经历能够有效促进独角兽企业估值的增长。对于独角兽榜单内的企业，虽然有创业经历的创始人总体占比并不高，但是在估值高的企业中，有创业经历的创始人所占比重很高，说明有创业经历的创始人能更好地带领企业发展。因为创业经历能够帮助创始人积累创业经验，积累人脉关系与资金，此外，还能够帮助创始人得到投资人的青睐。

第二，创始人的创业次数与独角兽企业的估值呈显著倒“U”形，创业次数为 1 次时是最佳状态。一方面，有创业经历比没有创业经历要好，因为创业经历能够积累经验，有利于企业估值的增长；另一方面，如果创业成功次数过多，可能会使创始人表现出过度自信，而过多的失败经历则会打击创始人的动力，不利于企业估值的增长。

第三，创始人的工作经历能够促进独角兽企业估值的增长。无论是在估值低的独角兽企业中还是在估值高的独角兽企业中，工作经历均发挥了很重要的作用，因为创始人能够在工作中学习管理经验以及如何处理人际关系，还能够更快地看清市场风向，这些都有利于创始人带领企业发展。

第四，创始人的留学经历与独角兽企业估值之间的显著性没有得到验证。一方面，随着我国科学技术的发展和综合国力的提升，在国内大学也能学到先进的管理经验与技术，而且国内的人更加了解国内市场，所以能更好地带领企业发展；另一方面，国外与国内的文化与价值观确实不同，留学经历能够使创始人接触到不同的文化，有利于他们用独特的方式看待问题并发现机会，所以留学经历与独角兽企业估值之间并没有显著的联系。

第五，创始人的政治经历与独角兽企业估值之间的显著性关系没有得到验证。一方面，没有政治经历的创始人更倾向于创新；另一方面，有政治经历的创始人能够得到政府的支持，拥有丰富的社会资本与珍贵资源，且更容易得到消费者的认可。所以，创始人的政治经历与独角兽企业的估值没有显著联系。

二、政策建议

根据前文的研究，创始人的创业经历、创业次数与工作经历对独角兽企业的估值非常重要。留学经历以及政治经历与独角兽企业的估值没有显著的联系。所以，对于目前有创业意向的人来说，可能去企业中积累一些工作经验会更有利于将来所创办企业的发展；而对于目前创业失败的人来说，失败不代表结束，反而可能会带来新的开始，但是不要一味盲目追求创业，创业次数过多可能并不是好事，甚至可能会阻碍企业的发展。当创业一直失败时，需要沉下心来总结经验，找到创业的初心，找好机会重新出发；创业成功时，也要戒骄戒躁。有留学经历的创始人所占比重很小，说明我国的经济发展得越来越好，创业环境也越来越好，国内毕业的学生也能发现很好的创业机会。随着李克强提出“大众创业、万众创新”，我国的大学也都开始创办“创业孵化园”“创业基地”等，而且关于创业的知识也早已进入了课堂。所以，我们国内大学毕业的大学生创业成功的也很多，对于想出国留学学习创业知识的人来说，其实国内也是一个很好的选择。

但此研究还存在一些不足之处：仅针对胡润研究所提供的数据进行研究，由于一些创始人的资料无法获得，所以样本量较为不足；关于独角兽企业创始人的经历的包含面也较窄，没有包含海外工作经历等。对于以上不足，将在今后的研究中通过进一步完善数据的方法来增强结论的可信度。

参考文献

［1］刘程．如何成为“独角兽”企业？［J］．企业管理，2017（6）：38－39.

［2］宋立丰，祁大伟，宋远方．中国新兴独角兽企业估值比较基础与分析框架［J］．科技进步与对策，2019，36（3）：70－76.

［3］王玉帅，尹继东．创业者：定义的演化和重新界定［J］．科技进步与对策，2009，26（10）：137－141.

［4］林强，姜彦福，张健．创业理论及其架构分析［J］．经济研究，2001（9）：85－94＋96.

[5] 徐琳，刘衍，刘婧．互联网企业创始人持股、兼任高管与公司绩效——基于与制造业的比较研究［J］．中国注册会计师，2018（12）：58－61＋3.

[6] Rerup C. Learning from Past Experience: Footnotes on Mindfulness and Habitual Entrepreneurship [J]. Scandinavian Journal of Management, 2005, 21 (4): 451－472.

[7] Hsu D. K. This is My Venture! The Effect of Psychological Ownership on Intention to Reenter Entrepreneurship [J]. Journalof Small Business and Entrepreneurship, 2013, 26 (4): 604－623.

[8] Ucbasaran D., Westhead P., Wright M. The Extent and Nature of Opportunity Identification by Experienced Entrepreneurs [J]. Journal of Business Venturing, 2009, 24 (2): 99－115.

[9] Dyke L. S., Ficher E. M., Reuber A. R. An Inter－industry Examination of the Impact of Owner Experience on Firm Performance [J]. Journal of Small Business Management, 1992, 30 (4): 72－87.

[10] Ucbarasaran D, Wright M. Opportunity Iidentification and Pursuit: Does an Entrepreneur's Human Capital Matter? [J]. Small Business Economics, 2008, 30 (2): 153－173.

[11] 谢军，周南．创业者的先前工作经验对获得风险投资的影响［J］．科学学与科学技术管理，2015，36（9）：173－180.

[12] Davidsson P., Honig B. The Role of Social and Human Capital in Nascent Entrepreneurs [J]. Journal of Business Venturing, 2003, 18 (3): 301－331.

[13] 陈传明，孙俊华．企业家人口背景特征与多元化战略选择——基于中国上市公司面板数据的实证研究［J］．管理世界，2008（5）：124－133＋187－188.

[14] 王文岩，孙福全，刘平青．创业者留学经历对中小高科技企业创业活动影响的实证研究［J］．中国科技论坛，2014（4）：99－105.

[15] 刘澄，吴鸣鸣．企业经营绩效与跨文化管理研究［J］．生产力研究，2008（18）：135－137.

[16] 张平，黄智文．企业政治关联、领导风格与企业绩效的研究［J］．预测，2015，34（4）：41－46.

[17] 梁婷，王前锋，邹琳．高管团队政治关联对中小企业经营绩效的影响

研究——基于中小板上市公司的数据［J］. 财会通讯，2011（18）：89－92.

［18］Fan J. P. H., Wong T. J., Zhang T. Politically Connected CEOs, Corporate Governance and Post－IPO Performance of China's Newly Partially Privatized Firms［J］. Journal of Financial Economics, 2007, 84（2）：330－357.

［19］Politis D. The Process of Entrepreneurial Learning：A Conceptual Framework［J］. Entrepreneurship Theory and Practice, 2005, 29（4）：399－424.

［20］赵文红，王垚，孙万清. 连续创业研究现状评介与未来展望［J］. 管理学报，2014，11（2）：293－301.

［21］买忆媛，辜雪娜. 工作经验一定有助于创业过程吗：基于工作内嵌入的分析［J］. 南开管理评论，2011，14（2）：144－149.

［22］黎赔肆，李利霞. 社会网络与机会识别：海归企业家与本土企业家的比较研究［J］. 华东经济管理，2011，25（5）：27－30.

［23］郑宝云，陆玉梅，彭荷芳. 政治关联对企业社会责任行为异质性的影响——以江苏省制造业上市公司为例［J］. 财会月刊，2017（11）：38－43.

第四章 创始人故乡情与独角兽企业注册地选择

赵嘉莉①

近年来，我国独角兽企业的数量和估值增长迅速，呈现爆发式的发展态势。中国的独角兽企业主要分布在10个城市，在北京、上海、杭州、深圳这四个城市更为集中。本章通过对企业地点的统计，以及对创始人毕业院校和地区营商指数的汇总分析，得出中国独角兽企业分布集中的一个重要影响因素，即独角兽企业创始人具有“故乡情”。

第一节 引言

近些年来，中国的独角兽企业实现了飞速发展，不管是数量还是估值，都呈现爆发式的发展态势。从全球的角度来看，超过70%的独角兽企业是属于美国和中国的。CB Insights的统计数据显示，2013年至2018年3月，全球一共有237家独角兽企业。其中，来自美国的独角兽企业共有118家，所占比例为49.78%；中国紧随其后，共62家，占26.16%；英国有13家独角兽企业，排名第三。从中国的角度来看，独角兽企业发展非常迅速，截至2018年3月，中国的独角兽企业共有126家，总估值达到6253亿美元，约4万亿元。和全球的独角兽企业相比较，中国的独角兽企业创新能力较强，成长周期较短，并且发展较为集中，

① 赵嘉莉，首都经济贸易大学硕士研究生。

同时，这些独角兽企业的迅速发展也体现了中国整体创新能力的提升。

本章使用胡润研究院发布的《2018 第一季度胡润大中华区独角兽指数》对中国独角兽企业的空间分布情况进行分析。报告共收录了 151 家独角兽企业，其中，北京有 66 家，所占比例为 45%，是拥有独角兽企业最多的城市；第二是上海，拥有 38 家独角兽企业；杭州位列第三，有 16 家独角兽企业；深圳以 11 家独角兽企业位列第四。由此可见，中国独角兽企业的地区分布呈集中特点，主要分布于北京、上海、杭州和深圳四个城市。

中国的独角兽企业地区分布集中的原因，除了影响创始人创业地点选择的外部因素，创始人自身是否存在主观性决定因素呢？创始人会不会因为自身情感因素而选择一个城市作为创业地点呢？而创始人是否会因为对某个城市具有“故乡情”而选择它作为创业地点呢？本章将对这些问题进行详细的分析研究。

第二节　文献综述与概念界定

目前，越来越多的研究学者开始关注独角兽企业的地区分布特征，希望找出能够培育独角兽企业诞生的重要影响因素。

袁晓辉、高建（2016）对全球的 216 家独角兽企业进行了研究分析，认为全球独角兽企业有五个关键的特点：一是用户数量、收入或融资金额呈指数增长；二是所处行业飞速发展；三是处于创新创业中心；四是成长时间为 4～8 年；五是创始人年龄在 30 岁左右、受过良好的教育，拥有过创业团队或者创业背景。Jeff Bussgang 等（2015）认为以色列国家的独角兽企业由于面向国际市场，从而有利于企业的成长发展和寻找国外的风险投资，且企业创始人大多有过创业经历。卜文娟（2016）认为，独角兽企业在选择地点时应考虑两个因素：第一个因素是地区的科技与教育水平，是否能够满足创业团队的需求；第二个因素是地区的经济发展水平，包括市场潜力和用户数量。楚天骄、宋韬（2017）提出，能培养出独角兽企业的城市应该至少具备两个条件：一个条件是新经济发展迅速，以及对世界经济循环参与度高；另一个条件是拥有大量受过良好教育的年轻群体。崔凯（2018）提出了对独角兽企业的空间分布产生影响的三个因素：第一个因素是具有高等教育水平的年轻群体，第二个因素是经济发展速度，第三个因素是平台型企业对独角兽企业的影响。

但是，现有的成果大都是从企业的角度进行分析研究的，缺少从创始人角度的分析研究。因此，本章从创始人个人因素“故乡情”的角度，对中国独角兽企业地区分布规律的形成原因进行分析，以期进一步丰富现有研究结果。中国是一个“故乡情”浓厚的国家，很多学者都曾抒发对故乡之情。季羡林先生写过这样两句诗：“你无论走得多么远也不会走出了我的心，黄昏时刻的树影拖得再长也离不开树根。”这两句诗中的“树根”就可以理解为家乡，而“树影”就可以理解为人，这两句诗非常恰当地描述了故乡情思。张逸龙、龚维琳（2017）写到，在宁海县王爱山有一群年轻人重回家乡，并自发地成立了爱心公益组织，用实际行动来回报家乡。王乃兴（2000）认为，只有齐心协力把自己的国家搞好，我们的后代才会有真正的幸福，于是 2000 年 5 月的一天，他们一家四口回到了中国。肖立国（2009）则认为，人将出生或养育自己的地方称为故乡。魏良荣（1998）曾写到，少年的周恩来生活在江苏淮安、淮阴两地，一别家乡 66 载，周恩来童年读书处书房的窗前，有一棵至今长得十分茂盛的腊梅，他生前遇到淮安的老同志还常问起这棵梅花的生长情况，并亲笔为《淮安日报》题写报名。

“故乡情”体现在各个方面，对于中国的独角兽企业，地区分布集中，是否因为创始人存在故乡情呢？本章对创始人自身因素“故乡情”进行分析研究。研究设定故乡分为两个：第一故乡和第二故乡。第一故乡指的是独角兽创始人的家乡，第二故乡指的是创始人学习的地方，包括创始人读本科或硕博研究生的地方。

独角兽企业所在地与其创始人的第一故乡或第二故乡相同，则称为“部分故乡情”；独角兽企业所在地与其创始人的两个故乡都相同，则称为“完全故乡情”。同时，这两种情况均视为创始人具有“故乡情”，即设定只要独角兽企业所在地与创始人其中一个及以上故乡所在地相同，则视这种情况为创始人具有“故乡情”。

第三节　“故乡情”的统计分析

一、创始人“故乡情”的分布特征

选取了 90 家独角兽企业，分别收集了独角兽企业所在地、创始人的第一故乡和第二故乡，并对收集的信息进行统计汇总，如表4－1所示。

表4－1 90家独角兽企业具体情况

企业名称	创始人	企业所在地	第一故乡	第二故乡
滴滴出行	程维	北京	江西	北京
小米	雷军	北京	湖北	湖北
今日头条	张一鸣	北京	福建	天津
新美大	王兴	北京	福建	北京
大疆	汪滔	深圳	浙江	香港
快手	宿华	北京	湖南	北京
饿了么	张旭豪	上海	上海	上海
链家	左晖	北京	陕西	北京
神州优车	陆正耀	天津	福建	北京
北汽新能源	徐和谊	北京	北京	湖北
魅族	黄章	广东	广东	广东
威马汽车	沈晖	上海	上海	美国
蔚来汽车	李斌	上海	安徽	北京
Face＋＋	印奇	北京	安徽	北京
ofo	戴威	北京	安徽	北京
车好多	杨浩涌	北京	安徽	安徽
斗鱼	陈少杰	武汉	山东	四川
酒仙网	郝鸿峰	北京	山西	北京
猫眼微影	王长田	北京	辽宁	上海
美丽联合	陈琪	浙江	浙江	浙江
柔宇科技	刘自鸿	深圳	江西	北京
商汤科技	徐立	北京	上海	上海
同程艺龙	吴志祥	江苏	江苏	江苏
一下科技	韩坤	北京	安徽	安徽
优必选	周剑	深圳	上海	德国
智车优行	沈海寅	北京	福建	上海
自如	左晖	北京	陕西	北京
VIPKID	米雯娟	北京	河北	北京
宝宝树	王怀南	北京	北京	北京

续表

企业名称	创始人	企业所在地	第一故乡	第二故乡
曹操专车	刘金良	杭州	北京	北京
车和家	李想	北京	河北	河北
大搜车	姚军红	北京	浙江	江苏
孩子王	汪建国	江苏	江苏	江苏
汇通达	徐秀贤	南京	上海	北京
金山云	王育林	北京	北京	北京
拉卡拉	孙陶然	北京	吉林	北京
驴妈妈	洪清华	上海	安徽	上海
每日优鲜	徐正	北京	江西	安徽
美莱网	刘传军	北京	山东	北京
蜜芽	刘楠	北京	陕西	北京
摩拜单车	胡玮炜	北京	浙江	浙江
拼多多	黄峥	上海	浙江	浙江
齐家网	邓华金	上海	福建	上海
淘票票	俞永福	杭州	内蒙古	天津
途家网	罗军	北京	上海	北京
土巴兔	王国彬	深圳	江西	江西
团贷网	唐军	东莞	四川	北京
微鲸	黎瑞刚	上海	上海	上海
喜马拉雅	余建军	上海	福建	陕西
小鹏汽车	何小鹏	广州	湖北	广东
信达生物	俞德超	苏州	浙江	北京
英雄互娱	应书岭	北京	上海	江西
优客工厂	毛大庆	北京	北京	北京
优信	戴琨	北京	陕西	美国
云从科技	周曦	广州	四川	安徽
猪八戒网	朱明跃	重庆	重庆	上海
罗计物流	宋睿	北京	北京	美国
纳恩博	高禄峰	天津	辽宁	北京
易生金服	刘江涛	北京	江西	北京
悦畅科技	谭龙	北京	湖南	北京

续表

企业名称	创始人	企业所在地	第一故乡	第二故乡
信用卡	孙海涛	杭州	浙江	浙江
58 到家	姚劲波	北京	湖南	山东
DOTC United	石一	上海	上海	欧洲
贝贝网	张良伦	杭州	四川	湖北
春雨医生	张锐	北京	安徽	北京
返利网	葛永昌	上海	浙江	上海
房多多	段毅	深圳	山西	江苏
沪江	伏彩瑞	上海	江苏	上海
逻辑思维	罗振宇	北京	安徽	北京
诺禾致源	李瑞强	北京	江苏	江苏
人人贷	杨一夫	北京	北京	北京
首汽约车	魏东	北京	福建	北京
万能钥匙	陈大年	上海	浙江	上海
小红书	毛文超	上海	湖北	上海
洋码头	曾碧波	上海	江西	上海
要出发	丁根芳	广州	浙江	安徽
映客	奉佑生	北京	湖南	湖南
知乎	周源	北京	贵州	江苏
点触网	苏海德	上海	加拿大	加拿大
纷享销客	罗旭	北京	贵州	贵州
玖富	孙雷	北京	新疆	北京
卷皮	黄承松	广州	贵州	湖北
猎聘网	戴科彬	北京	广东	广东
朴新教育	沙云龙	北京	辽宁	北京
神州细胞工程	谢良志	北京	湖南	辽宁
同盾技术	蒋韬	杭州	安徽	上海
一起作业	刘畅	上海	吉林	天津
优刻得	季昕华	上海	浙江	上海
有利网	吴逸然	北京	江苏	北京
转转	姚劲波	北京	湖南	山东

资料来源：笔者整理。

统计分析结果如表4－2所示，在90家独角兽企业中，有35家独角兽企业所在地与其创始人第一故乡或第二故乡相同，具有“部分故乡情”的所占比例为39%。有11家独角兽企业与其创始人的第一故乡和第二故乡都相同，具有“完全故乡情”，所占比例为12%。而剩下的44家企业，则可视为其创始人无“故乡情”，所占比例为49%。

表4－2 “故乡情”存在情况

“故乡情”存在情况	“部分故乡情”	“完全故乡情”	无“故乡情”
企业数量（家）	35	11	44
所占比例（%）	39	12	49

资料来源：笔者整理。

在具有“部分故乡情”的独角兽企业中，分别分析其企业所在地与第一故乡或第二故乡相同的比例。由具体的统计分析结果可以看出，在具有“部分故乡情”的35家企业中，有5家独角兽企业的所在地是与其创始人的第一故乡相同的，所占比例为14%。有30家独角兽企业所在地是与其创始人的第二故乡相同的，所占比例为86%。

表4－3显示了创始人存在的“部分故乡情”的来源，其中，企业所在地与第二故乡相同的比例高达86%，可见创始人对第二故乡的感情不容忽视，甚至在大多数情况下起着重要的决定性作用。

表4－3 “部分故乡情”具体情况

“部分故乡情”具体分析	与第一故乡相同	与第二故乡相同
企业数量（家）	5	30
所占比例（%）	14	86

资料来源：笔者整理。

二、“完全故乡情”的具体情况

对于存在“故乡情”的独角兽企业而言，企业所在地与故乡具体地点完全重合吗？还是位于同一城市的不同地区？笔者对这一问题进行了深入探究。

由表4－4、表4－5的统计分析结果可以看出，在11家具有“完全故乡情”的独角兽企业中，饿了么、金山云、微鲸、优客工场、信用卡、人人贷和宝宝树这7家企业所在地与其创始人的故乡具体所在地都相同，所占比例为64%；美丽联合、同程艺龙和孩子王这3家企业所在地与其创始人的第二故乡具体所在地相同，所占比例为27%；而魅族企业所在地与两个故乡的具体所在地都不相同，所占比例为9%。

表4－4　“完全故乡情”企业信息

企业名称	创始人	企业所在地	第一故乡	第二故乡
饿了么	张旭豪	上海	上海	上海
魅族	黄章	珠海（广东）	埔寨镇（广东）	深圳（广东）
美丽联合	陈琪	杭州（浙江）	某县城（浙江）	杭州（浙江）
同程艺龙	吴志祥	苏州（江苏）	淮安（江苏）	苏州（江苏）
孩子王	汪建国	南京（江苏）	苏州（江苏）	南京（江苏）
金山云	王育林	北京	北京	北京
微鲸	黎瑞刚	上海	上海	上海
优客工场	毛大庆	北京	北京	北京
信用卡	孙海涛	杭州	杭州	杭州
人人贷	杨一夫	北京	北京	北京
宝宝树	王怀南	北京	北京	北京

资料来源：笔者整理。

表4－5　“完全故乡情”具体情况

“完全故乡情”具体分析	相同	不同	与第一故乡相同	与第二故乡相同
企业数量（家）	7	1	0	3
所占比例（%）	64	9	0	27

资料来源：笔者整理。

三、“部分故乡情”的具体情况

对于35家具有“部分故乡情”的企业来说，分为两个部分进行分析，主要包括企业所在地与其创始人第一故乡相同的5家企业，以及企业所在地与其创始人第二故乡相同的30家企业。对于与第一故乡相同的5家独角兽企业，分析其所在地与其创始人第一故乡具体地点相同的比例。对于与第二故乡相同的30家独角兽企业，分析其所在地与其创始人第二故乡具体地点相同的比例。具有“第一故乡情”的5家独角兽企业的信息如表4－6所示。

表4－6 “部分故乡情”之“第一故乡情”企业信息

企业名称	创始人	企业所在地	第一故乡
北汽新能源	徐和谊	北京	北京
威马汽车	沈晖	上海	上海
猪八戒网	朱明跃	重庆	酉阳苗族土家族自治县（重庆）
罗计物流	宋睿	北京	北京
DOTC United	石一	上海	上海

资料来源：笔者整理。

由表4－6和表4－7的统计结果可以看出，北汽新能源、威马汽车、罗计物流和DOTC United这4家企业的所在地是与其创始人第一故乡具体地点完全相同的，并且都位于我国发达一线城市上海或北京，也是独角兽企业分布较为集中的两个城市。而猪八戒网的创始人则选择了自己出生的酉阳苗族土家族自治县所属的经济较为发达的城市重庆。这也反映了一个侧面，这些创始人选择创始地点时，“故乡情”促使他们选择了自己故乡所在地，当他们故乡所在地不是该区域最为发达的城市时，为了让企业更好地生存和发展，他们选择了该区域的发达城市作为企业所在地。不管是否还有其他因素的影响，不容置疑的是创始人选择这个地区的部分原因是存在“故乡情”。

表4－7 “第一故乡情”具体情况

“第一故乡情”具体分析	完全相同	不完全相同
企业数量（家）	4	1
所占比例（%）	80	20

资料来源：笔者整理。

对于与第二故乡相同的具有“部分故乡情”的30家独角兽企业，企业所在地集中分布在北京、上海和广州这三个城市，因为这三个城市已经是具体城市，故不再做细分，具体信息如表4－8所示。

表4-8 “部分故乡情”之“第二故乡情”企业信息

企业名称	创始人	企业所在地	第二故乡
滴滴出行	程维	北京	北京
新美大	王兴	北京	北京
快手	宿华	北京	北京
链家	左晖	北京	北京
Face + +	印奇	北京	北京
ofo	戴威	北京	北京
酒仙网	郝鸿峰	北京	北京
自如	左晖	北京	北京
VIPKID	米雯娟	北京	北京
拉卡拉	孙陶然	北京	北京
驴妈妈	洪清华	上海	上海
美菜网	刘传军	北京	北京
蜜芽	刘楠	北京	北京
齐家网	邓华金	上海	上海
途家网	罗军	北京	北京
小鹏汽车	何小鹏	广州	广州
易生金服	刘江涛	北京	北京
悦畅科技	谭龙	北京	北京
春雨医生	张锐	北京	北京
返利网	葛永昌	上海	上海
沪江	伏彩瑞	上海	上海
逻辑思维	罗振宇	北京	北京
首汽约车	魏东	北京	北京
万能钥匙	陈大年	上海	上海
小红书	毛文超	上海	上海
洋码头	曾碧波	上海	上海
玖富	孙雷	北京	北京
朴新教育	沙云龙	北京	北京
优刻得	季昕华	上海	上海
有利网	吴逸然	北京	北京

资料来源：笔者整理。

由表 4 –9 的统计结果可以看出，上海和北京成为这些企业分布较集中的城市，有 21 家企业分布在北京，所占比例为 70%；有 8 家企业分布在上海，所占比例为 27%；仅有小鹏汽车位于广州，所占比例为 3%。

表 4 –9 “第二故乡情”具体情况

第二故乡	北京	上海	广州
企业数量（家）	21	8	1
所占比例（%）	70	27	3

资料来源：笔者整理。

第四节 毕业院校与“第二故乡情”

北京、上海和广州一直以来都以大城市的身份受到年轻人的追捧，由前文可知，很多独角兽企业创始人都选择了这些发达城市进行创业，其中北京的独角兽企业数量最多。但这也不能完全排除另一个因素可能产生的影响，独角兽企业的创始人大部分来自清华大学、北京大学等高校，而这些高校大部分都在北京，部分创业者可能是因为留恋母校而留下创业。部分创业者也可能是因为北京经济科技发达程度高、政府扶持力度大、高新科技区政策鼓励创新等因素选择留在北京。90 家独角兽企业在北京的就有 48 家，所占比例为 53%，并且具有“第二故乡情”的企业主要分布在上海和北京，北京最多。

第二故乡选取的是创始人本科或硕博研究生的就读地区，表 4 –10 详细汇总了这些创始人的毕业院校。

表 4 –10 创始人毕业院校情况

企业名称	创始人	企业所在地	毕业院校
滴滴出行	程维	北京	北京化工大学
新美大	王兴	北京	清华大学
快手	宿华	北京	清华大学
链家	左晖	北京	北京大学
Face + +	印奇	北京	清华大学

续表

企业名称	创始人	企业所在地	毕业院校
ofo	戴威	北京	北京大学
酒仙网	郝鸿峰	北京	清华大学
自如	左晖	北京	北京大学
VIPKID	米雯娟	北京	长江商学院
拉卡拉	孙陶然	北京	北京大学
驴妈妈	洪清华	上海	华东师范大学
美菜网	刘传军	北京	中国科学院大学
蜜芽	刘楠	北京	北京大学
齐家网	邓华金	上海	华东师范大学
途家网	罗军	北京	北京航空航天大学
小鹏汽车	何小鹏	广州	华南理工大学
易生金服	刘江涛	北京	清华大学
悦畅科技	谭龙	北京	北京某空军工程总队
春雨医生	张锐	北京	中国人民大学
返利网	葛永昌	上海	同济大学
沪江	伏彩瑞	上海	上海理工大学
逻辑思维	罗振宇	北京	中国传媒大学
首汽约车	魏东	北京	中央财经大学
万能钥匙	陈大年	上海	上海某中专
小红书	毛文超	上海	上海交通大学
洋码头	曾碧波	上海	上海交通大学
玖富	孙雷	北京	北京大学
朴新教育	沙云龙	北京	中国人民大学
优刻得	季昕华	上海	同济大学
有利网	吴逸然	北京	北京大学

资料来源：笔者整理。

由表4－11分析结果可以看出，具有“第二故乡情”的30家独角兽企业中，

21位创始人毕业于北京高校。其中，有7位创始人毕业于北京大学，有5位创始人毕业于清华大学，有2位毕业于中国人民大学。8位创始人毕业于上海高校，其中，2位毕业于同济大学，2位毕业于上海交通大学，2位毕业于华东师范大学。

表4－11　创始人毕业院校情况

第二故乡	创始人毕业院校	创始人数量	合计数量	所占比例
北京	北京大学	7	21	70%
	清华大学	5		
	中国人民大学	2		
	其他	7		
上海	同济大学	2	8	27%
	上海交通大学	2		
	华东师范大学	2		
	其他	2		

资料来源：笔者整理。

第五节　营商环境与创业地点选择

在具有“第二故乡情”的30家独角兽企业中，企业所在地为北京的有21家，在上海的有8家，在广州的有1家。这30家创始人的第一故乡包含了安徽、福建、河北、湖北、湖南、吉林、江苏、江西、山东、山西、陕西、上海、新疆、浙江，而第二故乡却只包含了北京、上海和广州这三个城市。这些创始人选择留在第二故乡创业的原因，可用营商指数进行分析解释。

由统计分析得出，第二故乡营商环境得分高于第一故乡的数量为28个，比例高达93%，因此，不难解释创始人选择第二故乡为创业地点的原因。而且北京、上海的得分高于其他大部分城市的得分，即北京、上海的营商环境较其他大部分城市具有优势。正是这些优势因素，促使北京和上海成为独角兽企业分布的主要地区。表4－12列举了这30家独角兽企业创始人的第一故乡、第二故乡以及各自的营商环境得分。

表 4-12　营商环境得分情况

企业名称	创始人	第一故乡	第一故乡 2016 年营商环境得分	第二故乡	第二故乡 2016 年营商环境得分	第二故乡与第一故乡的分差
滴滴出行	程维	江西	3.59	北京	3.72	0.13
新美大	王兴	福建	3.71	北京	3.72	0.01
快手	宿华	湖南	3.57	北京	3.72	0.15
链家	左晖	陕西	3.53	北京	3.72	0.19
Face++	印奇	安徽	3.61	北京	3.72	0.11
ofo	戴威	安徽	3.61	北京	3.72	0.11
酒仙网	郝鸿峰	山西	3.33	北京	3.72	0.39
自如	左晖	陕西	3.53	北京	3.72	0.19
VIPKID	米雯娟	河北	3.54	北京	3.72	0.18
拉卡拉	孙陶然	吉林	3.58	北京	3.72	0.14
驴妈妈	洪清华	安徽	3.61	上海	3.92	0.31
美菜网	刘传军	山东	3.63	北京	3.72	0.09
蜜芽	刘楠	陕西	3.53	北京	3.72	0.19
齐家网	邓华金	福建	3.71	上海	3.92	0.21
途家网	罗军	上海	3.92	北京	3.72	-0.20
小鹏汽车	何小鹏	湖北	3.67	广州	3.64	-0.03
易生金服	刘江涛	江西	3.59	北京	3.72	0.13
悦畅科技	谭龙	湖南	3.57	北京	3.72	0.15
春雨医生	张锐	安徽	3.61	北京	3.72	0.11
返利网	葛永昌	浙江	3.84	上海	3.92	0.08
沪江	伏彩瑞	江苏	3.66	上海	3.92	0.26
逻辑思维	罗振宇	安徽	3.61	北京	3.72	0.11
首汽约车	魏东	福建	3.71	北京	3.72	0.01
万能钥匙	陈大年	浙江	3.84	上海	3.92	0.08
小红书	毛文超	湖北	3.67	上海	3.92	0.25
洋码头	曾碧波	江西	3.59	上海	3.92	0.33
玖富	孙雷	新疆	3.32	北京	3.72	0.40
朴新教育	沙云龙	辽宁	3.55	北京	3.72	0.17
优刻得	季昕华	浙江	3.84	上海	3.92	0.08
有利网	吴逸然	江苏	3.59	北京	3.72	0.13

资料来源：王小鲁，樊纲，马光荣．中国分省企业经营环境指数 2017 年报告［M］．北京：社会科学文献出版社，2017.

第六节　研究结论与政策建议

通过对独角兽企业所在地以及创始人故乡所在地的整理，对创始人选择创业地点时的“故乡情”的存在情况进行了分析。通过分析得出，90 家独角兽企业中有 46 家企业的创始人具有“故乡情”，比例高达 51%。对于具有“故乡情”的创始人，有 11 个具有“完全故乡情”，有 35 个具有“部分故乡情”。其中，有 30 个“部分故乡情”与创始人的第二故乡相关，有 5 个“部分故乡情”与创始人的第一故乡相关。同时，根据创始人的毕业院校以及故乡所在城市的营商环境分数，进一步分析了独角兽企业集中分布于北京和上海的原因。

为了促进我国独角兽企业的持续向好发展，应构建独角兽企业良好生态圈，政府相关部门应加大扶持力度，让更多城市成为孵化独角兽企业的优良产地。使独角兽企业分布更加均衡，从而带动地区经济发展，促进区域平衡发展。创业者选择创业地点受“故乡情”影响的同时，也应考虑地区的营商环境得分和创新创业环境，从而为创业成功以及未来企业的发展提供良好的外部条件，进而推动国家经济的发展。

参考文献

[1] 中美智能硬件“独角兽”企业发展 [J]. 软件和集成电路，2018 (5): 70-73.

[2] 李焱. 中关村“独角兽”惊艳亮相 [J]. 投资北京，2016 (5): 61-62.

[3] 独角兽：在新业态新模式新技术方面彰显中国创新能力强势崛起 [J]. 今日科技，2018 (5): 9-11.

[4] “独角兽”——新经济爆发成长现象 [J]. 新材料产业，2016 (6): 66-70.

[5] 王利军，李子萤，康争光等. 江苏省发展“独角兽”企业的思考 [J]. 江苏科技信息，2017 (36): 1-3.

[6] 袁晓辉，高建. 寻找独角兽企业 [J]. 清华管理评论，2016 (7-8):

28－38.

［7］卜文娟．北京、上海是O2O独角兽企业最为集中的地区［J］．中国战略新兴产业，2016（14）：40－41.

［8］楚天骄，宋韬．中国独角兽企业的空间分布及其影响因素研究［J］．世界地理研究，2017，26（6）：101－109.

［9］崔凯．中国独角兽企业的空间分布及其影响因素研究［J］．现代商业，2018（35）：191－192.

［10］张逸龙，龚维琳．一群游子的故乡情［J］．宁波通讯，2017（4）：32－33.

［11］王乃兴．爱国心故乡情［J］．科学新闻，2000（32）：19.

［12］肖立国．悠悠故乡情［J］．人民公安，2009（13）：63.

［13］Jeff Bussgang，Omri Stern. 一大批以色列“独角兽”袭来［J］．董事会，2015（10）：82－83.

［14］魏良荣．周恩来的故乡情［J］．江苏绿化，1998（2）：19.

第五章　创始人流派、关系网络与独角兽企业发展

王思雨　范合君[①]

独角兽企业是新经济时代下的重要成果，具有创新能力强、成长周期短、发展速度快的显著特征。本章研究创始人流派与独角兽企业发展的关系。研究分析表明，具有平台型企业工作经验的创始人所创立的独角兽企业具有更高的企业估值；离职后创业的创始人经营的独角兽企业估值相对较低；创始人与投资方之间的同事关系对企业的天使轮融资规模没有产生显著影响。

第一节　引言

中国新经济时代下，独角兽企业凭借其创新能力强、成长周期短、爆发式的成长速度等优势，成为资本市场竞相角逐的焦点。根据2018年胡润研究院公布的162家中国独角兽企业榜单统计，中国独角兽企业的平均估值为295.22亿元，平均融资轮数是5.32次。其中，具有平台型企业工作经历的独角兽企业创始人占比达到30.9%，他们所创立的独角兽企业平均估值是597.50亿元，并且已获得的平均融资轮次是5.33次。这表明，来自平台型企业的创始人是在创造独角兽企业的过程中不可忽视的一类群体。

平台型企业已经形成了各自的创业流派。2014年IT桔子数据库统计数据显

① 王思雨，首都经济贸易大学博士研究生；范合君，首都经济贸易大学教授。

示，阿里巴巴、腾讯、百度、微软、华为等企业分别培养了30～50位企业创始人，截至2018年，这5家企业各自累计培养的创始人数量超过了400名。创业流派不仅成为企业创始人的培养者，更是构成了储备中国独角兽企业潜在创业人才的基地。

独角兽企业在资本市场上融资也离不开投资圈。目前，独角兽企业的投资方可以划分为两大阵营：一方是以红杉资本中国、经纬中国、顺为资本等为代表的VC/PE投资机构；另一方是以阿里巴巴、腾讯、百度、平安等创业流派为主的平台型企业。红杉资本、经纬中国、腾讯系、阿里系等均位居2017年胡润研究院公布的捕获独角兽企业数量排行榜前10。2018年，阿里巴巴、腾讯、百度已经分别培养了117名、109名、92名投资人，就职于红杉资本中国、晨光资本等VC/PE投资机构中。此外，金山、阿里巴巴等形成主要创业流派的平台型企业也创建了顺为资本、云锋基金等投资机构。独角兽企业创始人的平台型企业工作经历为他们融入资本市场投资圈建立了无形的同事关系网络，便于他们获得降低投资方与被投资方之间信息不对称的潜在优势。

独角兽企业创始人的创业流派经历是否让其在创业中获得独特优势？创始人与投资方之间是否同样存在着“阿里圈”“腾讯圈”等流派？而这种企业圈是否成为识别独角兽企业伯乐的社会关系要素呢？本章通过分析创始人流派与独角兽企业发展之间的关系，探讨创业流派对发展独角兽企业产生的影响，是否能够吸引投资者的更多关注，从而探索创业流派、社会关系等软性要素对初创企业的迅速发展发挥的作用。

第二节　文献综述

一、创始人流派

“创始人流派”的概念起源可以从硅谷的崛起开始追溯。威廉·拉让尼克（William Lazonick）在阐述美国新经济企业模式演变进程时统计到，“八叛逆”建立仙童半导体公司之后，1968～1985年在硅谷发生的两次创业浪潮中，由仙童以及仙童的派生企业创办的企业数量占比分别达到52.5%和56.9%以上。

“PayPal Mafia”“Salesforce 帮”是推动硅谷创新发展的知名创业流派，培养了诸多初创企业创始人。

创始人流派的形成反映了人才集聚效应与创新创业之间的关系。人才集聚能够带来创新效应，这种创新效应是知识共享、知识溢出的进一步升华和应用（唐朝永、牛冲槐，2017），即创新效应具有流动性且存在外溢的可能性（徐彬、吴茜，2019）。陈明鹤（2017）还将人才集聚效应的内部效应和外部效应进一步细分，内部效应包括群体协作效应、学习与竞争的联动效应以及稳定效应，而外部效应包含引力场效应和品牌效应，这些不同的效应之间相辅相成、相互促进。

什么因素会导致人才集聚效应，关于这一问题的研究，王忠等（2017）和穆桂斌、黄敏（2018）分别对波士顿的人才集聚战略措施和美国硅谷人才集聚规律进行分析研究，健全的人才培养机制、良好的创新环境、高度的产业集聚、配套的风险投资机构等服务型企业是吸引人才集聚、发挥人才集聚效应的重要条件。王全刚、赵永乐（2017）探讨了人才政策、经济格局、科技创新环境和社会综合环境对全球高端人才流动和集聚的正向影响。协同创新网络的规模、异质性和强度对人才集聚效应也产生显著的正向影响（唐朝永、牛冲槐，2017）。人才集聚对区域的创新效率具有促进作用。基于省级面板数据进行的实证研究表明，科技人才集聚规模越大，越能提高区域科技创新效率（修国义等，2017），区域科技人才集聚与高技术产业发展之间具有内在互动机制（裴玲玲，2018）。

梳理现有文献发现，目前的研究更多集中于分析区域内影响人才集聚效应差异的因素以及人才集聚效应对创新效率和经济发展的影响。然而，创始人流派是中国新经济时代下人才集聚的一种表现形式，阿里巴巴、腾讯、百度等平台型企业以拆分自有业务单位和培育独角兽企业创始人两种形式成为创造中国独角兽企业的原生企业。可以从企业的微观层面研究如何发挥企业的人才集聚作用，并进一步探究企业的人才集聚创新效应对派生企业会产生怎样的影响。

二、关系网络

企业创始人的社会关系网络会影响风险投资机构的投资决策。这是因为嵌入于创业者社会关系网络中的社会资本将很大程度上决定其拥有的资源和动用资源的能力（杨建东等，2010）。在风险投资领域，存在着广泛的社会关系弱连接，如校友关系。申宇等（2015）提到中国人民大学校友自发组织在上海开展“浦江金融论坛”，还有北京大学被称为“自由人的自由联”的金融圈。黄福广、贾西猛（2018）实证研究表明，当风险投资方与创始人存在校友关系时，风险投资投入企业的时间更早，且更倾向于投资首轮融资的企业。

创始人与投资人之间的共同背景可能促使双方建立信任关系，在专业背景、思维方式和技术能力等方面的相似性都会促进风险投资方的投资（Aggarwal et al.，2015），甚至可能导致投资人对创业企业做出过于积极的评价（张曦如等，2019）。在独角兽企业创始人中，存在部分创始人与投资人之间拥有同一平台型企业工作经历的情况，这种同事关系有助于减少双方委托代理问题，增进双方的信任感，减少信息不对称的风险。因此，利用这种社会关系网络获得的风险机构投资是否有助于初创企业迅速成长为独角兽企业，需要进行深入分析。

第三节　独角兽企业流派统计分析

一、独角兽企业创始人流派

中国创始人流派在新经济时代下应运而生。2014 年 IT 桔子数据库中的“创业人物库”统计出培养中国企业创始人的 11 大创始人流派，包括阿里巴巴、腾讯、百度、微软等企业。这些创始人流派培养的企业创始人数量都在 200 名以下，并且培养创始人人数相差较小。然而，如图 5－1 所示，2018 年，创始人流派中培养中国创始人数量达到 300 名以上的有 6 家企业，阿里巴巴列居第一，分别超过腾讯 154 位和百度 270 位。创始人流派对建立中国初创企业的影响越来越大，创业企业创始人这一工作经历使其在创业过程中具有潜在的竞争优势。

2018 年第二季度胡润大中华区独角兽指数榜单所列示的 162 家独角兽企业中，总共有 50 名独角兽企业创始人出身于创始人流派。如表 5－1 所示，由平台型企业培养的企业创始人所在企业的平均估值是 597.50 亿元，达到总体独角兽企业平均估值的 2 倍；是非出自于平台型企业的创始人所创立的独角兽企业平均估值约 3.7 倍。平台型创始人的独角兽企业平均融资轮数是 5.32 次，仅高于独角兽平均融资轮数 0.02 次，两类创始人的独角兽企业平均差值为 0.015 次。

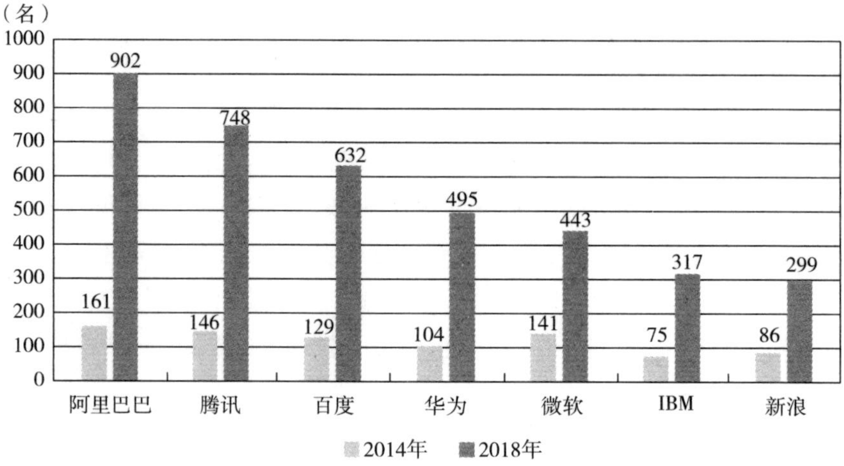

图 5－1　2018 年创业流派培养中国创始人数量排行榜 TOP7 及变化

资料来源：IT 桔子网站。

依据 2018 年第二季度胡润大中华区独角兽指数榜单中公示的独角兽企业主要创始人名单，获取企业估值信息，再通过百度、天眼查等手工搜集整理主要创始人的经历和企业融资轮数，对不同创始人流派做进一步统计分析。

表 5－1　创始人流派与独角兽企业发展状况

创始人流派	独角兽企业数量（家）	平均估值（亿元）	平均融资轮数（次）
平台型	50	597.50	5.330
非平台型	112	161.71	5.315
合计	162	295.22	5.320

资料来源：笔者整理。

二、主要流派独角兽企业的估值分布

由于独角兽企业尚未上市，则企业估值是衡量独角兽企业的发展现状和未来盈利水平的重要指标。企业估值是对企业内在价值的判断，能够反映投资机构对企业盈利能力和发展能力的判断。本章根据创始人的工作经历划分创始人流派。首先，按照是否拥有平台型企业工作背景初步划分为平台型创始人和非平台型创始人，再根据主要创始人就职的平台型企业做进一步分类。

如图 5－2 所示，在企业平均估值上，阿里巴巴、腾讯、金山列入前三名，其中，阿里巴巴和腾讯的平台型企业创始人所在独角兽企业的平均估值都超过 1000 亿元。由阿里巴巴、腾讯、金山所派生的独角兽企业估值分布范围较大，例如，隶属于阿里巴巴的蚂蚁金服，其企业估值达到 10000 亿元；而由奇虎 360 和网易派生的独角兽企业，其估值集中在 65 亿～100 亿元人民币，低于独角兽企业平均估值。平安和金山的最低估值都是 80 亿元，京东最低估值是 100 亿元。

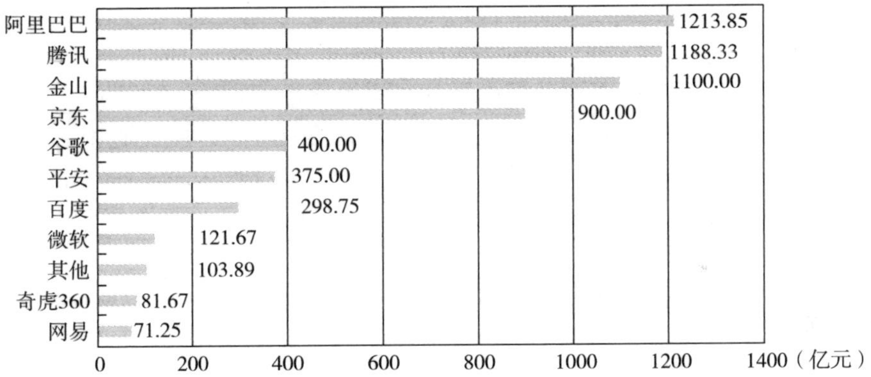

图 5－2　不同创始人流派的独角兽企业平均估值

根据图 5－3 统计结果，主要创始人流派中，阿里巴巴培养人数最多，以培养 13 名独角兽企业创始人位居第一，而其他平台企业培养的创始人人数一般在 4 名以内。而创始人的创业状态依据该独角兽企业是否由平台企业战略投资或自拆业务单位孵化而成进行划分，分为在职创业与离职创业两大类，其中，由在职创业的创始人经营的独角兽企业，属于“富二代”独角兽企业。独角兽企业创始人中共有 50 名创始人具有平台型工作经历，占到独角兽企业创始人总数的 30.9%。离职后创业的创始人占平台型创始人总数的比例为 42%。这 50 名平台型创始人所在的独角兽企业平均估值是 597.50 亿元，其中，“富二代”独角兽企业的平均估值是 851.5 亿元，而离职创业的创始人所在的独角兽企业平均估值是 371.2 亿元。

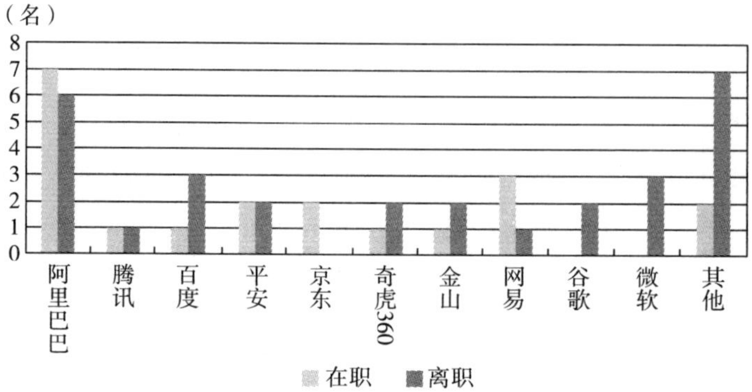

图 5－3　不同创业流派的独角兽企业创始人创业状态

因此，属于平台型流派的创始人发展的独角兽企业整体估值更高。在各大平台中，阿里巴巴培养的创业人才数量最多且企业估值最高。由在职创业的创始人创立的独角兽企业，具有平台企业战略投资的资金支持和声誉优势，资本市场对其发展前景的评估更为乐观。

三、主要流派独角兽企业的融资轮数分布

企业估值高且成长周期短是独角兽企业的特征，资本是支持独角兽企业进行长期战略性投资，用以研发新技术、探索新的商业模式的重要资源。因此，独角兽企业开拓持续稳定的融资渠道，获取雄厚的资本支持，是推动独角兽企业爆发式成长进程的驱动因素。融资轮数可以作为资本市场对企业发展前景预估的行动表现形式，它反映了企业目前所处的发展阶段，企业想要通过资本市场助推其抢占市场份额，既需要企业本身的产品具有市场认可度，也需要投资人对创始人及其团队整体实力的认同。

如图 5－4 所示，从各个创始人流派来看，谷歌平均融资轮数最多，共有 2 名中国独角兽企业创始人，融资轮次分别是 7 次和 10 次。百度、金山、腾讯和阿里巴巴的平均融资轮数均达到 6.5 次以上，而其他创始人流派的平均融资轮次都在 5 次以内，低于独角兽企业整体平均融资轮数 5.32 次。

平台型创始人在经营独角兽企业过程中普遍获得的融资轮数在 10 次以内。如表 5－2 所示，创始人离职后创立的独角兽企业融资轮数是“富二代”独角兽企业的 1.67 倍，而“富二代”独角兽企业中融资轮数在 5 次以内的企业占到 81%。

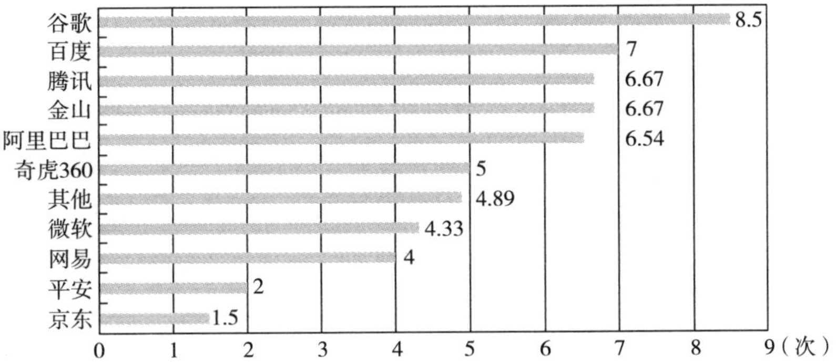

图5-4 不同创始人流派的独角兽企业平均融资轮数

尽管“富二代”独角兽企业融资轮数相对较少，但是其融资规模巨大。在披露首轮战略投资金额的13家“富二代”独角兽企业中，融资规模达到亿元以上的企业有8家，其中有4家独角兽企业的融资规模超过60亿元。

表5-2 创始人创业状态与融资轮数分布

创始人在职状况	企业融资轮数（次）				平均融资轮数（次）
	0~5	6~10	11~15	16~20	
在职	17	4	0	0	3.75
离职	13	14	1	1	6.28
合计	30	18	1	1	5.33

从整体上看，平台型创始人与非平台型创始人获得的平均融资轮次基本相同。隶属于百度、金山、阿里巴巴和腾讯的创始人获取持续融资的能力显著。然而，在判定独角兽企业发展状况时，不能仅仅依赖于融资轮数，由平台企业孵化的独角兽企业自身依赖于资本实力雄厚的企业，能获得显著的资本优势。

创始人的创业资本可以从三个维度划分：人力资本、经济资本和社会资本（郭新宝，2014）。创始人流派为企业创始人提供了开拓创业资本的渠道，积累了多种类型的人脉资源。在人力资本方面，创始人流派能够带来人才集聚效应的群体协作效应，结识不同专业人才组建核心团队，能在工作中寻找与自身能力互补的合作伙伴，同时，共同的工作环境使得创始人间具有相似的工作风格，增加创业团队的默契度。在经济资本方面，能帮助创始人获取融资机会，利用社会资本积累经济资本。创业流派不仅能培养出企业创始人，也是塑造投资者和投资机构的地方，如天使投资人雷军、王刚以及顺为资本、云锋基金等投资机构。在社会资本方面，共同的工作经历有利于引起投资者与被投资方之间的情感共鸣，同时，也有助于投资方利用社会关系渠道获得关于企业创始人的信息，降低双方的信息不对称。此外，创始人丰富的互联网工作经验使得创始人跟随“互联网+”的发展趋势，帮助创始人学习互联网企业的运营方式，了解行业的发展走向。

第四节 创始人流派与独角兽企业估值

由平台型创始人创立的独角兽企业平均估值偏高。资本市场看重来自于创业流派的创始人长期受到创新创业环境的影响，善于把握人工智能、大数据、云计算等信息技术的产业方向，并且具有潜在的社会资本等优势，本章通过具体分析不同创始人流派的独角兽企业估值分布特征，来揭示独角兽企业中创业流派创始人能够占据较高比例的现状与原因。

一、创始人流派与独角兽企业估值分布特征

表5-3描述了平台型创始人和非平台型创始人在不同企业估值水平下所占比例。平台型创始人占总人数的31.5%，而非平台型创始人接近70%，这反映了具有平台企业工作背景的创始人是发展独角兽企业的重要组成部分。对不同估值水平下不同流派创始人所占的比例进行具体分析，总共有80.9%独角兽企业的估值集中在65亿~250亿元。企业估值在700亿美元及以上的超级独角兽企业共有14家，占总数的8.6%，其中，平台型创始人有10位，占这一区间总人数的71.4%。这说明平台型创始人所建立的独角兽企业市场潜力巨大。

首先，从创始人流派的内部分布特征来看，处于250亿元以下估值区间的平台型创始人占平台型创始人总数的68%，而非平台型创始人占非平台型创始人总数的86.7%。在超级独角兽企业中，平台型创始人占到平台型创始人总人数的20%，而非平台型创始人占非平台型创始人总数的3.5%。其中，企业估值达到1000亿元以上的独角兽企业中，平台型创始人占平台型创始人总数的10%，而非平台型创始人占非平台型创始人总数的比例不到1%。这三组数据表现出，在

资本市场上，具有平台型企业工作背景的创始人所创立的独角兽企业具有更乐观的发展前景。

表 5－3　创始人流派与企业估值分布比例

创始人流派	不同企业估值创始人比例					合计
	65 亿～250 亿元	251 亿～500 亿元	501 亿～750 亿元	751 亿～1000 亿元	1000 亿元以上	
平台型	21.6%	3.7%	0.6%	2.5%	3.0%	31.5%
非平台型	59.3%	6.8%	0.6%	1.2%	0.6%	68.5%
合计	80.9%	11.5%	1.2%	3.7%	3.7%	1

其次，从平台型创始人的在职状况分析，如表 5－4 所示，由平台型企业战略投资孵化的独角兽企业平均估值在 851.5 亿元，是创始人离职创业的独角兽企业平均估值的 2.3 倍。在职创业的创始人中，超级独角兽企业创始人的数量达到 25%，比离职创业的创始人高出 12%。这表明相较于离职创业的独角兽企业创始人而言，在职创业的独角兽企业创始人更能获得原生企业提供的资源支持和声誉效应，具有更高的企业估值。

表 5－4　创始人创业状态与独角兽企业估值分布

创始人创业状态	不同企业估值创始人人数（位）					企业平均估值（亿元）
	65 亿～250 亿元	251 亿～500 亿元	501 亿～750 亿元	751 亿～1000 亿元	1000 亿元以上	
在职	11	4	0	3	2	851.5
离职	23	2	1	0	3	371.2
合计	34	6	1	3	5	597.50

二、创始人流派与独角兽企业估值相关性分析

根据表 5－4 所反映的分布特征，通过 SPSS21.0 对创始人流派与独角兽企业估值之间的相关关系进行秩和检验。根据 2018 年第二季度胡润研究院大中华区独角兽指数榜单公布的独角兽企业估值，总共划分为五个估值区间。

表 5-5 创始人流派与独角兽企业估值分布秩和检验

创始人流派	不同企业估值企业数（家）					合计	P 值
	65 亿～250 亿元	251 亿～500 亿元	501 亿～750 亿元	751 亿～1000 亿元	1000 亿元以上		
平台型	34	6	1	4	5	50	
非平台型	97	11	1	2	1	112	0.003***
合计	131	17	2	6	6	162	

注：***表示在 99% 的置信水平上显著。

根据秩和检验结果，创始人流派与企业估值之间存在显著相关关系。首先，党的十九大报告中指出，“推动互联网、大数据、人工智能和实体经济深度融合”“互联网+”是我国行业发展的趋势。独角兽企业顺应了“互联网+”的号召，为出身于互联网行业的平台型创始人提供了机遇。其次，这些创始人的工作经历使其积累了相关的行业经验，更善于把握市场机遇，推动产业的创新发展。此外，阿里巴巴、金山等平台型企业创立了云锋基金、顺为资本等投资机构，被平台型企业培养的创始人具有潜在的社会资源，共同的工作经历可以减少创始人与投资方之间的信息不对称，促进投资方对创业团队的认可与青睐。最后，相较于离职后创业的创始人，平台型企业孵化的独角兽企业可以依靠丰富稳定的平台资源，获得拓展业务、抵御风险等天然优势。

第五节 创始人关系网络与独角兽企业融资规模

在捕捉独角兽企业的资本角逐中，存在投资机构和创业流派两大阵营。创业流派不仅培养了企业创始人，也培育了投资者。创始人的同事关系既是组建创业团队的来源，也是拓宽融资渠道的弱连接。特别在天使轮融资时，初创企业没有成型的产品，也缺乏用户渗透率、盈利能力等指标供投资方参考，因此，投资者更看重创始人及其创业团队的创业能力。创始人与投资方之间的同事关系便于投资方对创始人的领导力、决策力、执行力等方面做出综合评价。

一、创业流派、投资系别与融资状况

独角兽企业的投资方里，既有出身于创业流派的投资人，也有创业流派旗下的投资机构。天使投资人王刚强调投资要“看人”，已发展成为超级独角兽企业的滴滴出行，其创始人程维与王刚都具有阿里巴巴的任职经历，而王刚基于对程维的信任与能力的认可，为程维提供资本支持。阿里巴巴创立了云锋基金，雷军作为创始合伙人的顺为资本，这些投资机构的联合创始人与阿里巴巴、金山、百度等平台型企业具有同事关系，便于投资机构通过私人渠道深入了解创始人和创业团队。

然而，在创业流派投资的对象中，尽管各大创业流派是培养创始人和投资人的平台，但是创业流派对平台型创始人未必会提供资本支持。在平台型创始人中，离职后创业的创始人获得原生平台企业投资的比例只有10%左右，在职创业的创始人中不到50%的独角兽企业得到原平台企业的战略投资（见表5－6）。这反映了平台型创始人的融资来源主要是投资机构，获得平台企业的资本支持相对有限。这一点在离职后创业的平台型创始人中更为明显，只有阿里巴巴的滴滴出行、百度的快手和奇虎360系的奇点汽车这3家独角兽企业得到了同创业流派的支持。出现这种情况的原因是原生企业与创始人所处行业可能存在竞争关系，并且提供过多的投资可能会向员工传递鼓励离职创业的信号，使得原生企业内部人员不稳定，特别是高层管理者，造成企业人才损失严重。

表5－6 创始人获取创始人流派投资基本概况 单位：家

创业状态	获得同创业流派投资数量	未获得同创业流派投资数量	合计
在职	10	11	21
离职	3	26	29
合计	13	37	50

二、创始人流派与独角兽企业融资规模相关性分析

当企业处于天使阶段时，除了投资项目本身的价值，更强调天使投资人对创始人的判断。对于投资方而言，能够利用社会关系获得第三方对创始人能力的评价，增加其对创始人的创业能力、领导力等特质判断的准确性至关重要。所以，

主要分析天使投资阶段创始人的同事关系对融资规模产生的影响。

从入选2018年第二季度胡润大中华区独角兽指数榜单的162家企业中，筛选出55家进行天使轮融资和2家pre－A轮融资的企业，对主要创始人平台型企业就业经历与投资机构中投资经理以上级别的主要负责人的就业经历进行匹配。企业在天使轮的融资规模等级可划分为百万级、千万级和亿级三个等级，如表5－7、表5－8所示。

表5－7　平台型创始人初创期天使轮融资规模

序号	企业名称	创始人	创始人流派	是否存在同事关系	创业状态	融资规模
1	滴滴出行	程维	阿里巴巴	是	离职	百万级
2	满帮	王刚	阿里巴巴	是	离职	百万级
3	美丽联合	陈琪	阿里巴巴	是	离职	百万级
4	金山云	王育林	金山	是	在职	百万级
5	好大夫在线	王航	奇虎360	是	在职	百万级
6	Face＋＋	印奇	微软	否	离职	百万级
7	洋码头	曾碧波	雅虎	否	离职	百万级
8	要出发	丁根芳	网易	否	在职	百万级
9	阿里体育	张勇	阿里巴巴	是	在职	千万级
10	奇点汽车	沈海寅	金山、奇虎360	否	离职	千万级
11	同程艺龙	吴志祥	阿里巴巴	否	离职	千万级
12	云从科技	周曦	微软、IBM	否	离职	千万级
13	菜鸟网络	童文红	阿里巴巴	是	在职	亿级
14	苏宁金融	张近东	苏宁	是	在职	亿级
15	数梦工厂	吴敬传	华为	否	离职	亿级

表5－8　非平台型创始人初创期融资规模

序号	企业名称	创始人	是否存在同事关系	融资规模
1	映客	奉佑生	是	百万级
2	一起作业	刘畅	是	百万级
3	ofo	戴威	否	百万级
4	VIPKID	米雯娟	否	百万级
5	小红书	毛文超	否	百万级

续表

序号	企业名称	创始人	是否存在同事关系	融资规模
6	一下科技	韩坤	否	百万级
7	每日优鲜	徐正	否	百万级
8	蜜芽	刘楠	否	百万级
9	微店	王珂	否	百万级
10	依图科技	朱珑	否	百万级
11	猪八戒网	朱明跃	否	百万级
12	罗计物流	宋睿	否	百万级
13	悦畅科技	谭龙	否	百万级
14	51 信用卡	孙海涛	否	百万级
15	房多多	段毅	否	百万级
16	沪江	伏彩瑞	否	百万级
17	罗辑思维	罗振宇	否	百万级
18	人人贷	杨一夫	否	百万级
19	途虎养车	陈敏	否	百万级
20	知乎	周源	否	百万级
21	波奇网	唐颖之	否	百万级
22	触宝科技	王佳梁	否	百万级
23	有利网	吴逸然	否	百万级
24	58 到家	姚劲波	是	千万级
25	优必选	周剑	否	千万级
26	斗鱼	陈少杰	否	千万级
27	汇通达	徐秀贤	否	千万级
28	美菜网	刘传军	否	千万级
29	喜马拉雅	余建军	否	千万级
30	拉卡拉	孙陶然	否	千万级
31	小鹏汽车	何小鹏	否	千万级
32	找钢网	王东	否	千万级
33	纳恩博	高禄峰	否	千万级
34	腾云天下	崔晓波	否	千万级
35	执御信息	李海燕	否	千万级
36	链家	左晖	否	千万级
37	车好多	杨浩涌	是	亿级

续表

序号	企业名称	创始人	是否存在同事关系	融资规模
38	寒武纪科技	陈天石	是	亿级
39	丰巢科技	王卫	是	亿级
40	商汤科技	徐立	否	亿级
41	猫眼微影	王长田	否	亿级
42	蚂蚁金服	井贤栋	否	亿级

运用 SPSS21.0 对同事关系与天使轮融资规模进行秩和检验，结果如表 5-9 所示，P 值为 0.293，两者不存在相关关系。样本中有 14 家独角兽企业创始人与投资方负责人存在同事关系，其中有 8 家创始人属于平台型创始人。然而，这 8 家独角兽企业中有 5 家企业的融资规模在百万级，1 家企业的融资规模在千万级，2 家企业的融资规模在亿级。此外，不同状态的平台型创始人在天使轮融资规模的分布上较为均匀。

表 5-9　同事关系与天使轮融资规模相关性分析

	不同融资规模等级企业数（家）			合计	P 值
	百万级	千万级	亿级		
同事关系	7	2	5	14	
非同事关系	24	15	4	43	0.293
合计	31	17	9	57	

在天使轮融资阶段，平台型创始人在直接获得平台企业资金支持方面没有显现出优势，反而需要尽可能借助创业流派的同事关系争取天使投资人或专业投资机构的资本支持。此外，在天使轮阶段，企业的产品还只是一个概念，商业模式也没有经过市场检验。所以，这种同事关系可能只是帮助创始人获得融资机会，不一定会在企业的初创期得到大规模的融资，帮助独角兽企业得到“伯乐”的关注，而融资规模主要还是由创业项目所属行业、产品的市场前景预测等因素综合决定。

第六节　研究结论与启示

通过统计162家入选2018年胡润第二季度大中华区独角兽企业榜单的独角兽企业，从企业估值和融资两个方面衡量独角兽企业的发展状况，表明平台型企业培养的创始人所创立的独角兽企业具有更高的企业估值，创始人与投资方之间的同事关系对企业的天使轮融资规模没有产生显著影响。

从企业角度来看，平台型企业在培养独角兽企业上发挥着不可忽视的作用，特别是阿里巴巴，为我国独角兽企业的创建输送了大量优秀的人才。企业应当树立育人思想，以挖掘员工潜力的思维激发员工价值创造能力的提升。要营造创新创业的环境，为企业积累独具竞争优势的人才资源，提高企业的创新能力。发挥平台企业的优势作用，延续并完善平台经济的思路，促使已经成长的独角兽企业能够再次催生出新一批的独角兽企业。

从创始人角度来看，创始人应当培养拓宽关系网络广度和强化关系网络深度的能力。在企业初创期，社会关系网络是降低投资方与被投资方之间信息不对称的重要渠道，来自创业流派的创始人应在企业中展示自身的创业素质，提高获取融资机会的可能性，避免具有发展前景的创业项目被埋没，并且这种工作经历赋予创始人的行业经验与潜在社会资源也是专业投资机构所看重的。对于依赖平台企业创业的创始人，更应该依托强大的资金平台，拓展自身业务，谋求企业发展。

参考文献

[1] 威廉·拉让尼克. 创新魔咒：新经济能否带来持续繁荣［M］. 上海：上海远东出版社，2011.

[2] 唐朝永，牛冲槐. 协同创新网络、人才集聚效应与创新绩效关系研究［J］. 科技进步与对策，2017，34（3）：134－139.

[3] 徐彬，吴茜. 人才集聚、创新驱动与经济增长［J］. 软科学，2019，33（1）：19－23.

[4] 陈明鹤. 创业创新亟需的人才集聚效应及集聚战略研究［J］. 商业经

济研究，2017（1）：131－133.

［5］王忠，朱佩仪，刘军．波士顿人才集聚举措评述及对中国的启示［J］．科技管理研究，2017，37（4）：25－30.

［6］穆桂斌，黄敏．美国硅谷人才集聚规律及对雄安新区的启示［J］．河北大学学报（哲学社会科学版），2018，43（4）：63－69.

［7］王全纲，赵永乐．全球高端人才流动和集聚的影响因素研究［J］．科学管理研究，2017，35（1）：91－94.

［8］修国义，韩佳璇，陈晓华．科技人才集聚对中国区域科技创新效率的影响——基于超越对数随机前沿距离函数模型［J］．科技进步与对策，2017，34（19）：36－40.

［9］裴玲玲．科技人才集聚与高技术产业发展的互动关系［J］．科学学研究，2018，36（5）：813－824.

［10］杨建东，李强，曾勇．创业者个人特质、社会资本与风险投资［J］．科研管理，2010，31（6）：65－72＋112.

［11］申宇，赵静梅，何欣．校友关系网络、基金投资业绩与“小圈子”效应［J］．经济学（季刊），2016，15（1）：403－428

［12］黄福广，贾西猛．校友关系、信任与风险投资交易［J］．经济管理，2018，40（7）：161－177.

［13］Aggarwal R.，Kryscynski D.，Singh H. Evaluating Venture Technical Competence in Venture Capitalist Investment Decisions［J］. Management Science，2015，61（11）：2685－2706.

［14］张曦如，沈睿，路江涌．风险投资研究：综述与展望［J］．外国经济与管理，2019，41（4）：58－70＋138.

［15］郭新宝．创业者的三维创业资本研究［J］．西北农林科技大学学报（社会科学版），2014，14（1）：110－116.

第六章 “富二代”独角兽企业成长因素研究

——基于资源基础理论视角

李婷婷[①]

近年来，脱胎于平台型企业的独角兽企业呈现迅猛发展的态势。本章从资源基础理论的视角，通过高管资源和融资资源两个方面对中国本土“富二代”独角兽企业的成长因素进行剖析。分析发现，脱胎于平台型企业的“富二代”独角兽企业，通过利用母公司的独特资源获取了自身的快速发展，使其成为行业中的佼佼者并获得高估值。

第一节 引言

“独角兽”概念自2013年提出以来，已逐渐成为一个国家和地区经济活跃程度的衡量指标，独角兽企业代表着数字经济时代的活力。据统计，2018年中国独角兽企业主要聚焦于新一代新信息技术以及前沿科技创新领域，如人工智能、大数据、云服务、量子通信、生物医疗、新能源、智能硬件等，高精尖领域的独角兽数量占比32.2%。独角兽企业的蓬勃发展业已成为驱动科技进步、焕发经济活力的引擎。

研究发现，中国本土独角兽企业中有一部分是脱胎于平台型大公司而发展起

---

① 李婷婷，首都经济贸易大学博士研究生。

来的，其估值占比超过总估值的1/3。中国学者对独角兽企业的定义为成立时间不超过10年，具有颠覆式创新特征，发展迅速，且估值超过10亿美元的新创企业（楚天骄、宋韬，2017）。脱胎于平台型企业而发展起来的独角兽企业，其强劲成长态势的背后是平台型企业优质的资源能力作为支撑。平台型企业是指通过整合多方主体的资源和关系，以实现创造价值并获取利益最大化的组织（李雷等，2016）。本章将脱胎于平台型企业并利用平台型企业良好的资源基础而发展起来的独角兽企业称为"富二代"独角兽企业。

这些独角兽企业为何出现？推动其快速成长并获取高估值的因素有哪些？处于生态平台圈的独角兽企业，是如何撬动和利用母公司强大的资源平台来获取自身发展的独特优势，使其快速成为行业中的佼佼者？这些都是具有前瞻性的研究问题。所以，关于"富二代"独角兽企业的成长因素的研究，对未来中小科技型企业的发展模式的选择也具有建设性的意义。

目前，国内外已有学者从资源基础理论、企业成长理论、社会资本理论等视角来研究新创企业的发展问题。但关于依靠平台型企业而发展起来的"富二代"独角兽企业的成长方面的问题还太新，且缺乏可获取的有效数据，同时也缺乏被广泛认可的理论基础，所以这方面的研究成果还很少。通过对以往相关文献的梳理发现，国内外多数学者认为，资源在企业发展过程中起到了决定性的关键作用，是企业成长的助推器。基于此，本章从资源基础理论的视角出发，试图剖析中国本土的"富二代"独角兽企业与其母公司之间在高管和融资方面的关系，以及独角兽企业如何利用母公司的优势资源来推动其发展并获得行业中的竞争优势。

第二节　理论基础及相关文献回顾

一、资源基础理论

资源是指在企业组织中能够体现组织核心竞争力的任何有形或无形的事物或资产（Wernerfelt，1984）。而组织资源则是那些能够帮助组织在行业中更好地发挥其竞争优势，并达成组织愿景、使命和战略目标的一系列属性组合（Porter，

1980)。企业组织往往通过采用一种独特且难以被竞争对手复制并能够创造价值的战略来构建自身的竞争优势(Barney, 1991)。企业资源基础理论由Wernerfelt提出,他认为,企业的内部环境比外部环境更重要,资源、知识和能力是企业获取并保持市场竞争优势和地位的关键因素。因此,资源基础理论被用来检验由于公司所拥有的资源的异质性而导致绩效差异的现象(Peteraf and Barney, 2003),旨在解释组织如何能够在竞争的环境中保持独特且具有持续性的竞争优势的问题(Hoopes et al., 2003)。因此,该理论建立在两个假设条件之上:一是企业拥有不同的且具有价值的资源;二是企业之间的资源难以流动,不可复制。

二、高管资源对企业成长的影响

日前,现有研究对"高管"概念还没有一个统一的定义,往往根据研究的需要来进行界定,因此,所包含的内容也有所不同。本章综合已有文献中对"高管"概念的定义范畴,并考虑了数据的可得性,将高管定义为能够直接参与到企业重大决策活动中的企业高级管理人员(刘刚、于晓东,2015)。具体包括担任管理职位的董事会成员、监事会成员、总经理、副总经理、总裁、副总裁及其他高级管理人员(姜付秀等,2009)。

根据资源基础理论,决定企业发展和绩效并取得竞争优势的资源应具有稀缺性、不可复制性以及难以流动性等特征,而对于高成长性的企业来说,组织中的高管甚至是创始人本身就是一种具有稀缺性、异质性的特殊资源,他们所拥有的特质往往是难以模仿且不可替代的。企业的发展取决于管理者以往的任职经历所获取并拥有的能力和资源。Penrose(1959)认为,企业是由一组具有可用性的资源整合而成的整体,而管理者的决策对这些资源的有效利用和取得企业绩效起到了决定性的作用。中小企业的初创和发展期是最需要人力、物力和财力支持的阶段。相对于白手起家的管理者来说,来自于母公司的创始人或高管依靠其过去的任职经历和经验,更有可能具有引领企业快速发展的独特能力。Hambrick和Mason(1984)认为,高管之前在所涉猎领域的任职经历将会影响他们对业务的战略决策。Agrawal和Knoeberb(2006)认为,具有内部"家庭优势"的管理者,更有可能成为企业管理者的候选人。Mezias和Starbuck(2003)发现,经验丰富的高管与无经验的管理者相比,在处理企业运营过程中所遇到的非程序化的问题时,能表现得更游刃有余;而且可以利用其所积累和形成的关系网,来帮助企业获得发展所需的信息和资源,实施有效的战略决策,从而为企业带来高绩效的结果。进一步地，Ang 和 Nagel（2007）在研究中发现，从内部晋升的管理者可以为企业带来更高和更持续的绩效，而且在雇佣管理者方面的交易成本显然也更低。

另外，高管任职期限的长短也是影响企业成长的又一关键因素。Hambrik 和 Mason（1984）认为，高管团队的任职期限是高成长性企业与已破产企业之间的最大区别。高增长率的公司，其高管通常具有更长的任期。随着高管在组织中任职时间的增加，使得他们对企业更有归属感，整个团队的沟通也会更加畅通，协作的气氛更加浓厚。Hambrick 和 Michel（1992）认为，管理者的任期长短影响其对组织价值观及文化的认同，进而影响组织整体的统一性。任职时间越长，管理者越能洞察外部环境的变化并能有效沟通，进而找到企业发展存在的问题。因此，长期为企业服务的管理者对企业内外部运作所需的信息和关系网能有更透彻的认知和了解。他们与组织内部成员以及外部利益相关者长期打交道的经历，会减小他们在企业面临生存和发展的情景时做出错误决策的概率，以及避免出现沟通协作方面的阻碍，这在某种程度上会对企业的发展起到一定的促进作用。

三、融资资源对企业成长的影响

融资问题一直是在起步期及成长期困扰企业的一大难题。规模小、资信度较弱以及与金融机构之间的信息不对称等诸多不确定性因素都是造成其融资困难的原因。目前，已有学者研究了新创企业在融资决策和融资机构的选择方面对其成长产生的影响。企业在初创期所拥有的资源一般为人力资本和无形资产，而外部融资的获取才是企业成长和估值增长的关键因素（Hsu，2004；Bernstein et al.，2017）。而作为新创企业主要融资渠道的风险投资和私募股权，不仅会导致新创企业数量的增加，同时也会促使企业估值的不断提升（Samila and Sorenson，2011）。因此，融资资源对于初创企业具有重要的意义。

此外，还有学者从关系网络的角度切入对企业融资能力进行研究。关系网络作为企业的一项特殊资源，在提升企业的融资能力以及增强自身实力方面发挥了重要作用。关系网络是新创企业获取融资并降低融资成本的一种有效方式（Batjargal，2003；Lee and Dawes，2005；姚铮等，2013）。因此，关系网络对帮助企业获取资本方面的支持具有重要意义。

由此可见，为了在市场中获取持续的竞争优势，推动其发展，企业需要寻找有利于其成长并创造高绩效的资源，通过创造一个独特的资源情景，使竞争对手难以模仿、获取和超越，以避免其对企业的市场竞争地位构成威胁，从而利用独特的竞争优势在市场中获利。

第三节 独角兽企业规模特征

根据科技部发布的中国独角兽企业榜单，有146家企业被列为独角兽企业，估值总计6284亿美元，平均估值38.3亿美元。其中，有10家超级独角兽企业，占中国独角兽企业总估值的53.3%。中国的146家独角兽企业主要分布于18类领域，其中，电子商务、互联网金融、文化娱乐、大健康和物流五大领域的数量占到总数的一半以上，为56.1%。电子商务领域的独角兽企业数量最多，占到20%。互联网金融、电子商务、交通出行、智能硬件和云服务五大领域的独角兽企业估值占总估值的67.2%。其中，互联网金融领域的独角兽企业估值最高，占总估值的25%。

中国独角兽企业中有25家是背靠平台型企业成长起来的“富二代”独角兽企业，数量占比17.1%；估值合计2230.45亿美元，占比达到35.5%；平均估值89.2亿美元。如表6－1所示，由阿里巴巴孵化而发展起来的独角兽有8家，占所有“富二代”独角兽企业估值的67.1%。平安集团有4家，五星控股有2家，其他的腾讯、京东、58集团、链家、金山集团、三胞集团、北汽集团、首汽集团、越海物流、万达集团以及中粮集团各有1家“富二代”独角兽企业。超级独角兽企业有4家，其中，阿里巴巴就占有3家超级独角兽企业，陆金所则归属平安集团。如表6－2所示，从行业分布来看，“富二代”独角兽企业在电子商务行业的数量占比最大，占28.0%，估值占8.2%。其次是互联网金融和云服务行业，数量占比分别为20.0%和12.0%，其中，互联网金融行业的估值占比最高，为52.9%。大健康、物流和文化娱乐行业的数量占比均为8.0%。房产服务、新能源汽车和交通出行行业的数量占比只有4.0%。

如图6－1所示，从规模特征中可看出，“富二代”独角兽企业呈现出强劲的成长潜力和趋势。这些非白手起家的独角兽，依靠平台型企业在资金、人力等方面丰富的资源，在业务的拓展、估值的提升以及降低风险方面拥有独特的优势，更容易获得投资人和投资机构的垂青，以更快的速度发展壮大。

表6-1 “富二代”独角兽估值占比

母公司	阿里巴巴	平安集团	五星控股	腾讯	京东	58集团	链家	金山集团	三胞国际	北汽集团	首汽集团	越海物流	万达集团	中粮集团
独角兽企业数量（家）	8	4	2	1	1	1	1	1	1	1	1	1	1	1
估值占比（%）	67.1	18.2	1.4	1.5	3.5	0.5	1.4	0.9	0.8	1.9	0.5	0.5	1.3	0.5

表6-2 “富二代”独角兽行业分布及估值占比

行业类型	电子商务	互联网金融	云服务	大健康	物流	文化娱乐	企业服务	房产服务	新能源汽车	交通出行
数量占比（%）	28.0	20.0	12.0	8.0	8.0	8.0	4.0	4.0	4.0	4.0
估值占比（%）	8.2	52.9	19.9	3.3	9.4	1.8	0.7	1.4	1.9	0.5

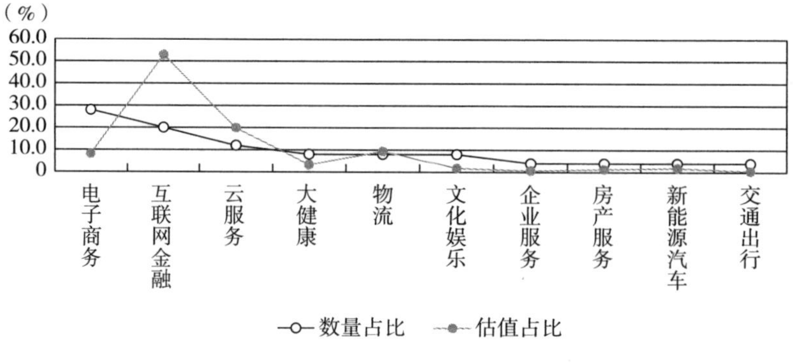

图6-1 “富二代”独角兽行业分布及估值占比

第四节 资源影响因素分析

一、高管资源对“富二代”独角兽企业影响的因素分析

通过对25家“富二代”独角兽企业创始人的统计来看，有22家独角兽企业的创始人来自于母公司，占比高达88%，其中有21家企业创始人曾担任母公司

高管职务。如表 6－3 和图 6－2 所示，“富二代”独角兽企业中，高管来自母公司的占比超过 50% 的企业有 17 家，而且任职于云服务行业的 3 家企业的高管均全部来自于母公司。由阿里巴巴孵化出的“富二代”独角兽企业中，有 6 家企业的创始人来自阿里巴巴，并且有 3 位创始人至今仍担任阿里巴巴的高管。估值超过 100 亿美元的超级独角兽中，来自母公司的高管数量占全部高管数量较多的两个企业分别是阿里云、陆金所。阿里云占比为 100.0%、陆金所为 58.8%。由此可见，“富二代”独角兽企业中，其创始人和高管来自于母公司的占比较大。

表 6－3 “富二代”独角兽企业高管来自母公司占比

独角兽企业	口碑	淘票票	阿里云	蚂蚁金服	钉钉	菜鸟网络	阿里音乐	阿里体育	腾讯云	陆金所	平安医保科技	平安好医生	金融壹账通
比例（%）	40.0	75.0	100.0	50.0	75.0	25.0	33.0	28.5	100.0	58.8	66.7	54.5	69.2

独角兽企业	孩子王	汇通达	京东金融	转转	自如	金山云	三胞国际医疗	北汽新能源	首汽约车	越海全球供应链	万达电商	我买网
比例（%）	60.0	16.7	27.3	75.0	75.0	100.0	50.0	33.3	42.9	50.0	80.0	50.0

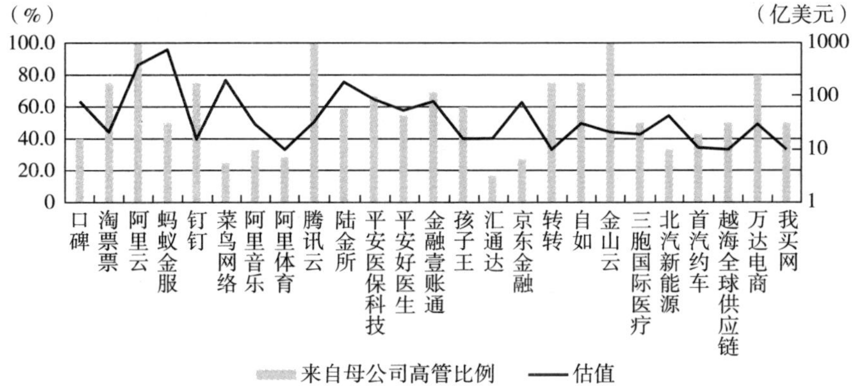

图 6－2 “富二代”独角兽企业高管来自于母公司占比及估值情况

管理者是一种独特的稀缺资源，其过去的经历、商业经验、人脉关系、发现机会以及对战略决策的掌控能力，决定着企业的发展方向和成长性。因此，企业的创始人及高管资源的不可复制性、难以流动性就是高成长型企业实现发展的有力保障。员工在企业中的晋升通常需要经历时间的打磨，并沿着一定的路径才可得以实现。我们由此可以推出，如果“富二代”独角兽企业的高管大多来自于母公司，而且曾经或同时任职于母公司，那么，其在本集团应该会有相对较长的任职期限。任职时间较长的管理者会对企业组织产生归属感，并能够对企业内外部环境和资源有较透彻的认知，在一定程度上有利于企业的成长。

高管作为一项不可多得的特殊资源，在企业的发展中发挥着重要的作用。企业资源决定着竞争优势的获取，服务于企业战略制定和战略行为，而管理者在战略的制定方面具有不可替代的作用。创始人及高管利用自身资源，不仅能通过横向的资源整合帮助企业在市场中获利，同时，也能从纵向嵌入到母公司与子公司之间的关系网中，从中搭建独角兽企业发展所需资源的平台和良好的环境，推动独角兽企业的发展。

二、融资资源对“富二代”独角兽企业影响的因素分析

中小企业初创期面对融资难题往往是捉襟见肘。而“富二代”独角兽企业在初创期就已经拥有母公司为其创造的良好的融资条件和环境。母公司强大的实力，特别是资金方面的实力，对企业初创期具有最直接的帮助。如表 6－4 所示，在 25 家企业中就有 15 家“富二代”独角兽企业受到母公司在资金方面的支持，超过半壁江山。母公司所拥有的投资基金、投资机构对于其他外部企业来说是一种不可复制且稀缺的资源。拥有这些独特资源的“富二代”独角兽企业在母公司的帮助下，能够在众多同期起步的企业中拥有脱颖而出的资源和实力，获得有利的竞争地位。

表 6－4　母公司对“富二代”独角兽企业投资情况

所属母公司	独角兽企业	母公司的投资机构	投资额	占比
阿里巴巴	口碑网	阿里巴巴、蚂蚁金服 云锋基金	131 亿元	39.05%
	淘票票	蚂蚁金服、阿里影业	30.33 亿元	—
	阿里云	阿里巴巴	60 亿元	100%
	蚂蚁金服	云锋基金、阿里巴巴（未披露）	120 亿元	—
	菜鸟网络	云锋基金（未披露）、阿里巴巴	53 亿元	—
	阿里体育	阿里巴巴（未披露）、云锋基金（部分披露）	12 亿元	—

续表

所属母公司	独角兽企业	母公司的投资机构	投资额	占比
腾讯	腾讯云	腾讯产业共赢基金	未披露	—
平安集团	陆金所	平安创新投资基金	2.92 亿美元	10.3%
	平安医保科技	平安创新投资基金（天使轮）	未披露	—
	平安好医生	平安创新投资基金	5 亿美元	—
	金融壹账通	平安创新投资基金（Pre－A）	未披露	—
五星控股	汇通达	五星控股	未披露	—
金山集团	金山云	金山软件	8.86 亿美元	—
北汽集团	北汽新能源	北京汽车	11.85 亿元	—
万达集团	万达电商	万达集团	10 亿元	—

通过对“富二代”独角兽企业的调查分析发现，在 25 家独角兽企业中有 15 家受到母公司的投资，占受到母公司投资子公司的比例达 60%。在天使轮和 A 轮就参与子公司投资的母公司有 12 家，占受到母公司投资子公司的比例达 80%。“富二代”独角兽企业所获得融资中，母公司的流入资本占比较大。例如，阿里巴巴对其独角兽的投资共 60.48 亿美元。其中，阿里云的所有融资均来自于其母公司阿里巴巴；同时，阿里巴巴对口碑网的投资占有 39.05%。腾讯云的融资来源于腾讯产业共赢基金。陆金所、平安医保科技、平安好医生、金融壹账通 4 家独角兽企业的前期融资，基本来自于其母公司平安集团，陆金所来自于母公司的投资占其所有融资额的 10.3%。因此，独角兽企业的成长离不开母公司雄厚的资金实力的支持。

另外，通过对“富二代”独角兽企业的融资轮次情况的分析发现，多数“富二代”独角兽企业在 A 轮时获得了母公司的投资，占比 36%；其次是战略投资和天使投资，分别占 18% 和 14%；紧随其后的是 Pre－A 轮和 C 轮，均占 9%（见表 6－5、图 6－3）。可以很明显看出，母公司对“富二代”独角兽企业的投资基本集中在前期，在企业的起步期给予财务方面的支持和帮助。

表 6－5 母公司投资轮次占比排名

投资轮次	A 轮	天使投资	Pre－A 轮	C 轮	D 轮	B 轮
占比排名（%）	36	14	9	9	5	4

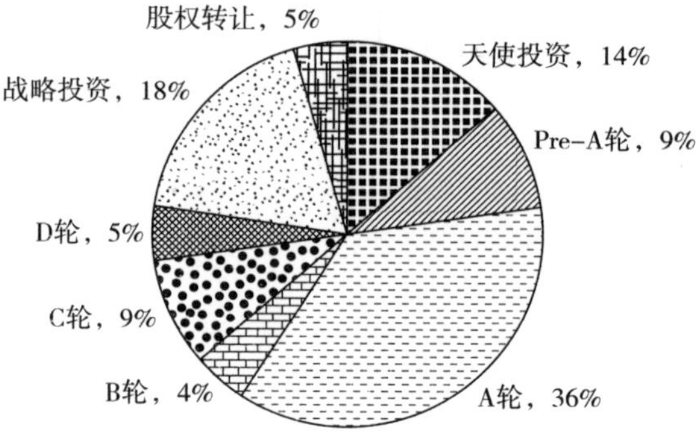

图6-3　母公司投资轮次占比

综上所述，融资资源对企业的成长具有重要作用。而企业内部的关系网络是企业获取融资资源的重要途径，它对企业提高资源配置效率和获取优质资源起到了重要作用。“富二代”独角兽企业所依靠的母公司本身就是其独特的关系网络资源。在企业资金短缺但急需快速成长的初创期和成长期，母公司的资金实力无疑为独角兽企业提供了“搭便车”的机会和条件，以使其能够迅速发展而无后顾之忧。此外，在获取融资资源方面，除了母公司自身的优势资源外，由母公司积累并搭建起来的社会网络资源能够帮助独角兽企业在融资过程中提升信誉，降低与金融机构在信息方面的不对称，为处于初创期的企业保驾护航，提供其成长所需的财力支持，以促进企业的快速发展。

第五节　研究结论

本章从资源基础理论的视角，试图剖析中国本土的“富二代”独角兽企业获取高估值和高成长性的原因。分析其在成长过程中与母公司之间在高管资源和融资资源方面的关系，并得出以下结论：

第一，高管作为企业的一项独特且稀缺的资源，在企业的初创和发展阶段有着不可替代的作用。来自平台型企业的“富二代”独角兽企业创始人和高管的任职经历和商业经验决定着企业的发展方向和成长性。管理者利用其所积累的资源，在带领企业发展的过程中搭建平台、发现机会，从横向和纵向整合企业成长所需资源。因此，高管方面的先天优势对推动独角兽企业的成长发挥着不可替代的作用。

第二，融资资源对新创企业尤为重要。融资资源的获取是企业快速成长并获得高估值的关键因素。“富二代”独角兽企业拥有融资方面的独特优势，能够依靠平台型企业雄厚的资本实力，在初创和成长期获取所需资金。同时，能够利用母公司的声誉背景，降低在获取融资过程中由于信息不对称而造成的风险。融资的关系网络是企业获取内外部资源、信息和竞争机会的重要途径，它在企业提高资源配置效率以及获取优质资源方面起到了重要作用。因此，“富二代”独角兽企业利用平台型企业搭建的独特的关系网络资源，获得了融资方面的便利和高估值。

脱胎于平台型企业的“富二代”独角兽企业，依靠平台型企业已有的高管资源和融资便利，在短时间内抓住机会、整合资源，实现高成长性的发展潜力和趋势，并获得高估值。本章从“富二代”独角兽企业所拥有的高管资源和融资资源两方面对其取得高估值和快速成长的因素进行了分析，但在结论的效度和信度方面需进一步进行检验，以验证结论的合理性。

参考文献

［1］楚天骄，宋韬．中国独角兽企业的空间分布及其影响因素研究［J］．世界地理研究，2017，26（6）：101－109.

［2］李雷，赵先德，简兆权．网络环境下平台企业的运营策略研究［J］．管理科学学报，2016，19（3）：15－33.

［3］Wernerfelt B. A Resource－Based View of the Firm［J］. Strategic Management Journal，1984（5）：171－180.

［4］Porter M. Competitive Strategy［M］. New York：Free Press，1980.

［5］Barney J. Firm Resources and Sustained Competitive Advantage［J］. Journal of Management，1991，17（1）：99－120.

［6］Peteraf M. A.，Barney J. B. Unraveling the Resource－based Tangle［J］. Managerial and Decision Economics 2003（24）：309－323.

［7］Hoopes D. G.，Madsen T. L.，Walker G. Guest Editor's Introduction to the Special Issue：Why is There a Resource－based View? Toward a Theory of Competitive Heterogeneity［J］. Strategic Management Journal 2003（24）：889－902.

[8] 刘刚，于晓东. 高管类型与企业战略选择的匹配——基于行业生命周期与企业能力生命周期协同的视角 [J]. 中国工业经济，2015 (10)：115 - 130.

[9] 姜付秀，伊志宏，苏飞等. 管理者背景特征与企业过度投资行为 [J]. 管理世界，2009 (1)：130 - 139.

[10] Penrose E. The Theory of the Growth of the Firm [M]. Oxford: Oxford University Press, 1959.

[11] Hambrik D. C., Mason P. A. Upper Echelons: The Organization as a Reflection of its Top Managers [J]. Academy of Management Review, 1984, 9 (2): 193 - 206.

[12] Agrawala A., Knoeberb C. R., Tsoulouhasc T. Are Outsiders Handicapped in CEO Successions [J]. Journal of Corporate Finance, 2006 (12): 619 - 644.

[13] Mezias J. M., Starbuck W. H. Studying the Accuracy of Managers' Perceptions: A Research Odyssey [J]. British Journal of Management, 2003 (14): 3 - 17.

[14] Ang J. S., Nagel L. G. What Prior Experience Leads to a Successful CEO? [R]. SSRN Working Paper, 2007.

[15] Michel J. G., Hambrick D. C. Diversification Posture and Top Management Team Characteristics [J]. Academy of Management Journal, 1992, 35 (1): 9 - 37.

[16] Hsu D. H. What do Entrepreneurs Pay for Venture Capital Affiliation? [J]. Journal of Finance, 2004, 59 (4): 1805 - 1844.

[17] Bernstein S., Korteweg A., Laws K. Attracting Early - stage Investors: Evidence from a Randomized Field Experiment [J]. Journal of Finance, 2017, 72 (2): 509 - 538.

[18] Samila S., Sorenson O. Venture Capital, Entrepreneurship and Economic Growth [J]. The Review of Economics and Statistics, 2011, 93 (1): 338 - 349.

[19] Batjargal B. Social Capital and Entrepreneurial Performance in Russia: A Longitudinal Study [J]. Organization Studies, 2003, 24 (4): 535 - 556.

[20] Lee D. Y., Dawes P. Guanxi, Trust and Long - term Orientation in Chinese Business Markets [J]. Journal of International Marketing, 2005, 13 (2): 28 - 56.

[21] 姚铮，胡梦婕，叶敏. 社会网络增进小微企业贷款可得性作用机理研究 [J]. 管理世界，2013 (4)：135 - 149.

第七章　营商环境与独角兽企业发展

马维兰[①]

营商环境的不断优化为独角兽企业的出现和发展提供了肥沃的土壤，独角兽企业不仅能够带动地区经济发展，而且能够作为地区创新创业环境的衡量指标。本章研究独角兽企业地区分布特征及其影响因素，并就营商环境与独角兽企业的估值进行分析。研究发现，营商环境与独角兽企业的估值之间呈显著正相关，其中创新创业环境指标对企业估值的影响最为明显。对此本章提出，地方政府促进经济发展的首要任务是创建良好的营商环境，并不断吸引高技术和创新型人才。

第一节　引言

营商环境是推动经济发展的一个综合因素，近年来，我国不断深化放管服改革举措，逐步推进营商环境优化的各项举措。2017 年 9 月，北京率先发布了优化营商环境的改革方案，从开办企业到业务审核等各环节都进行了深度优化。随后，上海也推出针对世界银行评判营商环境的指标进行专项改革，遵循减时间、减环节、减费用的原则，加大优化营商环境的力度。之后，全国各个省份都出台了具体的改革措施，以改善营商环境。2018 年 11 月，世界银行发布《2019 营商环境报告》，中国的营商环境和上一年度相比跃进 32 位，全球排名第 46，从

① 马维兰，毕业于首都经济贸易大学企业管理专业并获得管理学硕士学位，现就职于兰州空间技术物理研究所。

2013年到2018年，我国的营商环境排名提高了50名，表明我国的营商环境正处于不断优化的“快车道”。只有在公平公正的市场环境和资源配置优化的制度环境下，优秀的企业家才可能迅速脱颖而出，带动那些敢于创新、大胆前行的独角兽企业实现更大的发展。

另外，独角兽企业聚集的程度也能衡量一个地区的经济发展水平和创新创业环境。独角兽企业有着极其强大的创新能力和成长能力，往往能够带动一个产业的发展或创造出一种新的产业模式，这为地方经济的发展提供了新的发展动力和源泉。因此，研究独角兽企业的估值与地方经济发展水平和创新创业环境的关系，能够为地方营造良好的营商环境提供政策依据，并为当地政府吸引和激励独角兽企业的发展提出可行的政策路径。

第二节　文献综述

一、独角兽企业相关研究

“独角兽”是一种虚构生物，象征着速度与力量，最早是在2013年美国投资人 Aileen Lee 将“独角兽”一词用来代表那些成立时间较短，但是市场估值却能够超过10亿美元的创业企业，在这之后，独角兽便被广泛地流传开来。CB Insights 数据统计显示，美国是世界上独角兽企业最多的国家，占比约50%，中国紧随其后。

目前，我国对独角兽企业的研究主要从以下几个方面展开：首先，从企业估值角度，我国科技部、长城战略咨询以及胡润大中华区等几乎每年都会对独角兽企业的估值指数做估计和分析。其次，从企业家精神角度，车运景（2018）研究了企业创始人的素质和职业能力对独角兽企业成功起到的关键作用，并指出，锐意进取、开拓创新是最为重要的企业家精神的体现。再次，从企业上市路径角度，李维（2018）提出，极速 IPO、CDR 回归和海外挂牌是目前独角兽上市的三个主要路径。最后，从企业发展特点和趋势看，朱婧和胡品平（2018）以广东的独角兽企业为例，指出独角兽企业具有创新能力强、生命周期短、成长阶段短、呈现爆发式增长的特点，未来将会逐渐成为引领产业升级、新经济发展和产业创新的主体。

二、营商环境相关研究

良好的营商环境能够促进经济发展，投资是拉动经济增长的三大马车之一。姚树洁等（2006）提出，改善营商环境可以吸引外资，而世界银行（2004）发布的信息显示，营商环境的改善能够增加私人投资，而国内的投资远多于外商的直接投资。从增加创新创业活动角度，营商环境的改善能够降低创业企业的开办成本以及减少业务办理环节，这为诸多中小企业提供了极大的创新发展空间。从 Schumpeter（1942）和熊彼特（1999）的“创造性破坏”的理念来看，创新创业活动能够促进市场的竞争，从而促进地区的经济发展。

评价营商环境的指标包括很多种，其中，世界银行（2014）的评价指标分别是开办企业完成手续所需的时间和费用、办理施工许可证的时间和费用、获得电力、登记财产、获得信贷、保护少数投资者、纳税、跨国贸易、执行合同和办理破产十大指标。董小麟（2014）认为，营商环境优化的指标是政府做到高效监管，从而为企业提供便利和创新创业的空间。王小鲁等（2017）从八个角度对我国各省份的营商环境进行了调查和排名，分别是市场环境与中介服务、金融服务和融资成本、人力资源供应、行政干预与政府廉洁、企业的税费负担、政策公平公正公开、企业经营的法治环境和基础设施条件。

本章通过分析独角兽企业所处地区营商环境与企业估值之间的关系，分析哪些营商环境因素对独角兽企业的估值和融资轮次有着重要影响，并据此为独角兽企业的发展提出一些建议，对地方政府在刺激当地经济时如何引进独角兽或创造一个怎样的环境以激励创新创业具有借鉴意义。

第三节　研究设计

一、数据来源与描述性分析

本章使用科技部火炬中心、长城战略咨询发布的《2017 年中国独角兽企业发展报告》以及恒大研究院的数据进行分析。2017 年独角兽企业达到 164 家，对这些企业的融资情况和之后的发展情况进行跟踪研究，截至 2017 年 12 月 31 日，共追踪到 124 家估值超过 10 亿美元的独角兽企业，如表 7－1 所示。

表 7－1　独角兽企业地区分布与发展情况

地区	企业个数	总估值（亿美元）	平均融资轮数（次）	平均估值（亿美元）
北京	57	3304. 62	2. 96	57. 98
福建	1	196. 00	0. 00	196. 00
广东	18	542. 60	2. 22	30. 14
贵州	1	20. 00	4. 00	20. 00
湖北	2	33. 00	3. 50	16. 50
江苏	3	59. 36	3. 33	19. 79
上海	28	797. 65	3. 04	28. 49
浙江	13	1184. 12	2. 31	91. 09
重庆	1	18. 00	3. 00	18. 00
总计	124	6155. 35	2. 96	53. 11

独角兽企业大部分分布在北京和上海，广东和浙江的独角兽企业也相对较多，从总估值来看，这 124 家企业的总估值为 6155. 35 亿美元。这里的融资轮数设立了虚拟变量，未融资为 0，A 轮融资为 1，B 轮融资为 2，C 轮融资为 3，D 轮融资为 4，E 轮融资为 5，F 轮融资为 6。平均的融资轮数数据显示，贵州、江苏和湖北的融资轮数较大，之所以会产生这样情况的原因是，在独角兽企业比较集中的地区，各个企业的融资水平参差不齐，而在独角兽较少的地区，由于受到地方的关注和重视，往往融资机会更多，融资相对较为容易，总体独角兽企业的融资轮次接近 3 次。从平均估值角度来看，福建的一家独角兽企业估值在 196 亿美元，属于超级独角兽企业，浙江的平均估值为 91. 09 亿美元，接近 100 亿美元，这表明浙江的 13 家企业总体水平较高，最低估值的地区是湖北，2 家企业的估值平均为 16. 5 亿美元。这 124 家独角兽企业总体的平均估值为 53. 11 亿美元，这说明我国独角兽企业的估值大部分在 50 亿美元左右，超过 100 亿美元的超级独角兽数量较少。

二、营商环境的相关指标

营商环境对于独角兽企业的发展有着重要的影响作用，选取如下 10 个影响因子（除去营商环境各分指数）用于分析其对独角兽企业成长发展的作用，其中，营商环境指数选用樊纲2017年报告中的数据，营商环境总指数是由各分指数计算而得，因此，在分析时只选用总指数即可。高技术人才用当地985、211高校的学生人数来表示。

对这10个指标进行描述性统计，结果如表7-2所示。从樊纲营商环境总指数和各个分指数来看，平均值维持在3.5~3.9，从全国的情况来看，属于中等偏上的水平，这说明大部分独角兽企业都处在营商环境较好的地区。从当地GDP和工资水平来看，其最大值和最小值之间的差距在8%左右，相对来说稳定性较差。

表7-2　独角兽企业成长的环境因子

影响因子	代码	最小值	最大值	平均值	标准差
樊纲营商环境总指数	TBEI	3.49	3.92	3.7621	0.10169
市场环境与中介服务	MTBEI	2.96	3.73	3.5829	0.13131
金融服务和融资成本	FTBEI	3.02	3.76	3.5431	0.23692
人力资源供应	HTBEI	3.10	4.15	3.5963	0.16713
行政干预与政府廉洁	GTBEI	3.38	3.86	3.6657	0.12296
企业的税费负担	TTBEI	3.47	4.03	3.7380	0.17704
政策公平公正公开	PTBEI	3.58	3.93	3.7270	0.13893
企业经营的法治环境	LTBEI	3.78	4.12	3.9553	0.10925
基础设施条件	ITBEI	3.77	4.54	4.2971	0.14953
当地GDP	GDP	11776.73	80854.91	37722.7590	20446.71507
工资水平	Salary	59837.00	119935.00	104656.2500	22726.80398
高技术人才	Technology	40133.00	731306.00	458133.5161	264582.58776
外贸依存度	Trade	5204057.00	1060123561.00	352918701.55	321049234.21
软件企业个数	Software	1056.00	4844.00	2658.1855	721.27383
高技术制造业增加值	HTM	13541.00	89879.00	41343.9194	22955.73988
高新技术企业数量	Innovation	702.00	33356.00	17310.2581	8874.86293
第二产业增加值	SIAV	4669.53	35109.66	12778.5638	

以上是对独角兽企业估值有一定促进作用的因子，但是各指标对企业估值大小的影响程度存在差异，因此，为寻找对企业估值影响最为重要的因素，对原始

指标进行降维处理。构建模型如下：

$$F_j = \alpha_{j1}F_1 + \alpha_{j2}F_2 + \alpha_{j3}F_3 + \cdots + \alpha_{jm}F_m + \varepsilon_j$$

其中，F 是因子，F_j 是以 F 线性表示各个原始变量的标准化分数，因此，F 也称为公共因子，α_{ji}称为因子载荷矩阵，表示第 j 个原始变量在第 i 个因子上的负荷。

第四节　实证分析

一、各地区营商环境排名

根据因子分析法将上述的 10 个影响因子进行降维处理，并根据因子得分进行排序，最终与独角兽企业的实际地区分布进行匹配。运用 SPSS 进行因子分析，可以将 10 个影响因子归类为 2 个主因子，累计方差达到 90.706%（见表 7－3）。

表 7－3　因子载荷矩阵

指标	F1	F2	合计 F
TBEI	0.160	0.784	0.33434512
GDP	0.999		0.60322617
Salary	－0.881	0.277	－0.44797952
Technology	－0.494	0.841	－0.04327559
Trade	0.880	－0.153	0.48497621
Software	0.500	0.847	0.55875081
HTM	1.00		0.60383
Innovation	0.632		0.38162056
SIAV	0.983	－0.179	0.53928672

从各因子所占主因子的成分以及各主因子的比重计算的合计数来看，对第一主因子影响最大的是 GDP、高技术制造业增加值和第二产业增加值，这些指标都是反映地区经济发展水平的指标，即可以将此因子命名为当地的经济发展水平。

国际上衡量一个国家或地区经济发展水平的指标主要是人均 GDP，但是 GDP 指标并不能反映一个国家或地区的经济结构，因此，本章选取高技术制造业增加值和第二产业增加值作为经济发展水平的补充指标，这两大指标在一定程度上反映了高新技术发展带动经济发展的能力，很多独角兽企业的发展依托于地区对高新技术产业的支持，这两大指标对企业估值存在一定程度的影响作用。

而第二主因子可以命名为创新创业环境，其中，高技术人才、软件企业个数和总体营商环境都占有较大的比重，高技术人才和软件企业的个数对这一指标的作用最为明显。

如表 7－4 所示，营商环境总因子是由第一主因子经济发展水平和第二主因子创新创业环境所占的比重计算而得，经济发展水平所占比重为60.383%，而创新创业环境所占比重为30.323%。从排序结果来看，浙江排在第一，近些年来浙江尤其是杭州的营商环境排名一直非常靠前。2018 年 10 月，“中国最优营商环境城市排行榜”发布，其中，杭州排名第四，上海排名第五。

表 7－4　各地区营商环境排序

地区	经济发展水平	创新创业环境	营商环境	排序
北京	-0.38994	-0.47561	-0.1558631011	5
福建	-0.51334	0.92972	-0.028051097	3
广东	-0.40917	-0.66367	-0.37967669	7
贵州	0.58219	-1.67334	-0.44831377	9
湖北	-0.40196	-0.59315	-0.422576381	8
江苏	-0.52536	0.81219	-0.070947755	4
上海	-0.46286	1.42338	0.152122764	2
浙江	2.50558	0.66909	1.715832532	1
重庆	-0.38514	-0.42860	-0.362523464	6

二、营商环境与独角兽企业平均估值的关系

从因子分析确定的营商环境指标与独角兽企业在该地区的平均估值趋势分析来看，营商环境越好，独角兽企业的平均估值越高，如图 7－1 所示。

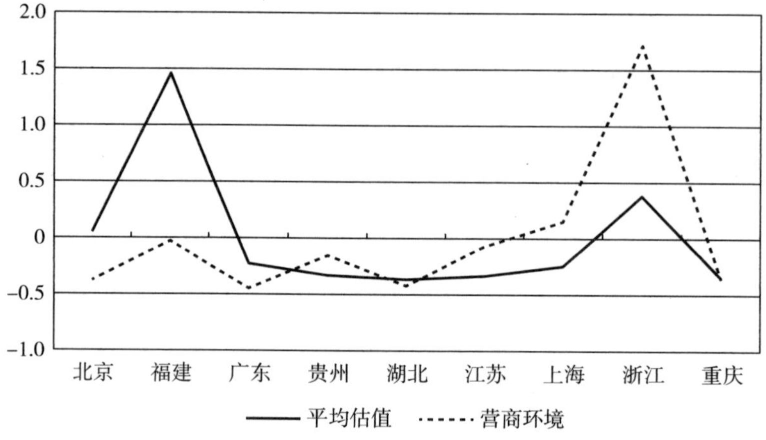

图 7－1　营商环境与独角兽企业平均估值分布

注：表中的平均估值为除以其平均值乘以 0.01 之后的数值。

在浙江和福建企业平均估值和营商环境显著优于其他地区的情况下，其营商环境的优化能够明显增强独角兽企业在该地区的分布并提高其平均估值。虽然浙江和福建企业平均估值和营商环境两个指标之间的趋势相同，但是还存在着一些区别，福建平均估值在营商环境的上方，而浙江营商环境在平均估值的上方，总的来看这两条曲线是交叉分布的，当平均估值曲线在营商环境曲线的上方时，说明影响企业平均估值的因素不只营商环境，还存在更为明显的要素，如其创始人所具有的特质和企业内部组织管理模式等。当营商环境曲线在平均估值曲线上方时，说明当地已经创造了一个非常好的营商环境，急需吸引更多的独角兽企业入驻发展，以带动当地的经济增长，如贵州、江苏、上海、浙江等地。

三、营商环境与独角兽企业平均融资轮数的关系

机构投资者或天使投资一般聚集于营商环境较佳的地区，如浙江、上海和北京等地，一方面，由于这些地区有较多投资机会；另一方面，在政府的大力支持下，其投资风险相对较低。因此，本章基于描述分析发现，营商环境与独角兽企业在该地区的平均融资轮数有着大致相同的发展趋势。如图 7－2 所示，融资轮数在一定程度上可以反映企业的持续发展潜力和投资者的认可程度，这与当地的营商环境有着重要的关系，营商环境越好，企业获得的融资也越多。

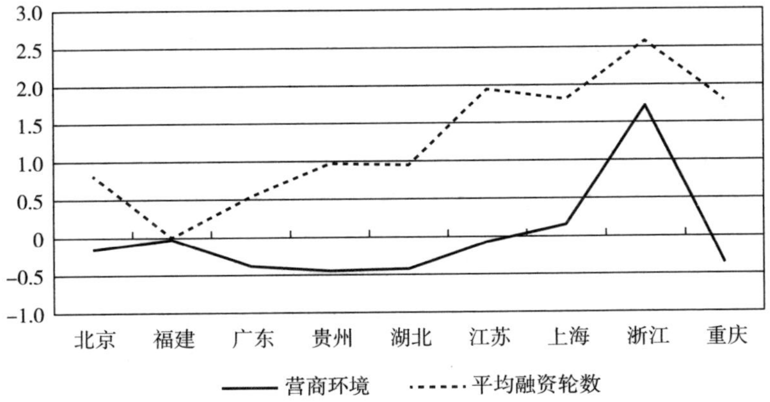

图7－2　营商环境与独角兽企业平均融资轮数的分布

第五节　研究结论与建议

首先，独角兽企业的分布与一个地区的经济发展水平和创新创业环境有着显著正相关，而一个地区独角兽企业的平均估值在很大程度上受到营商环境的影响。目前，很多独角兽企业是基于互联网、大数据等信息技术的发展而兴起的，这就造就了其具有能够快速创造价值，并快速地占领市场的特点。另外，由于独角兽企业的成长路径和传统行业企业有着天壤之别，所以，对高技术人才和创新能力的要求更高，这也是地方培养有潜力的独角兽企业应该努力的方向。

其次，独角兽企业大部分分布在浙江、上海等经济发展水平高、创新创业环境较好的地区，这些地方的独角兽企业会越来越多，但是西部等经济发展水平较弱的地方会很难出现独角兽企业，这会进一步拉大西部地区与中东部地区的差距。因此，改善营商环境对于西部欠发达地区来说更加关键。由于独角兽企业的估值与创新创业的关系更为密切，地方政府等相关部门应当更加重视高技术人才的引进与培养，并为其创造活跃的创新创业环境，给予更多的政策鼓励和支持，刺激高级人才发挥创新创业能力，创造出更多有潜力、有实力的独角兽企业，推动地方经济快速发展。

最后，在高级人才引进方面，一方面，要有完善的市场机制和优化的产业结构来吸引高级人才，这是企业创新和新兴企业创立的前提条件；另一方面，关注高级人才的职业生涯发展和生活条件改善，尤其是经济发展水平相对落后的地区，很多优秀的高级人才不愿意去经济欠发达地区发展的主要原因就是那些地方生活条件较差，职业上的晋升通道和职业满足感较弱。因此，地方政府要通过改善高级人才的生活条件并关注其职业发展来吸引更多优秀人才。

参考文献

［1］科技部火炬中心，长城战略咨询．2017 年中国独角兽企业发展报告［R］．2018.

［2］车运景．“独角兽”企业爆发源——新时代企业家精神［J］．领导科学，2018（11）：27－29.

［3］李维．“独角兽”上市路径之探：极速 IPO、CDR 回归、海外挂牌三车齐驱［N］．21 世纪经济报道，2018－03－06（14）．

［4］朱婧，胡品平．广东独角兽企业发展特点与趋势——基于《2016 中国独角兽企业发展报告》［J］．科技创业月刊，2018，31（2）：47－50.

［5］姚树洁，冯根福，韦开蕾．外商直接投资和经济增长的关系研究［J］．经济研究，2006（12）：35－46.

［6］Schumpeter，Joseph A. Capitalism，Socialism，and Democracy［M］．New York，1942.

［7］熊彼特．资本主义、社会主义与民主［M］．吴良健译．北京：商务印书馆，1999.

［8］董小麟．营商环境关注的是如何进行“聪明的监管”［N］．南方日报，2014－06－03（FO2）．

［9］王小鲁，樊纲，马光荣．中国分省企业经营环境指数 2017 年报告［J］．经济学动态，2018（4）：2.

［10］曹方．独角兽企业如何引领颠覆性创新？［J］．高科技与产业化，2017（1）：18－21.

［11］楚天骄，宋韬．中国独角兽企业的空间分布及其影响因素研究［J］．世界地理研究，2017，26（6）：101－109.

［12］胡峰，李晶，黄斌．中国独角兽企业分析及其对江苏的启示［J］．科技与经济，2016，29（5）：101－105.

附录　中国独角兽榜单

附录1　长城战略咨询独角兽榜单（2016~2020）

附表1－1　长城战略咨询独角兽榜单（2016）

排名	企业名称	估值（亿美元）	行业	成立时间	所在地
1	蚂蚁金服	750	互联网金融	2014	杭州
2	小米	460	智能硬件	2010	北京
3	阿里云	390	云服务	2009	杭州
4	滴滴快的	338	交通出行	2012	北京
5	陆金所	185	互联网金融	2011	上海
6	美团点评	180	电子商务	2010	北京
7	大疆创新	100	智能硬件	2006	深圳
8	今日头条	92	新媒体	2012	北京
9	口碑	80	电子商务	2015	杭州
10	菜鸟网络	76.9	物流	2013	深圳
10	借贷宝	76.9	互联网金融	2014	北京
12	众安保险	76.3	互联网金融	2013	上海
13	京东金融	71.8	互联网金融	2013	北京
14	乐视移动	55	智能硬件	2014	北京
14	微众银行	55	互联网金融	2015	深圳
16	威马汽车	50	交通出行	2011	上海

续表

排名	企业名称	估值（亿美元）	行业	成立时间	所在地
17	饿了么	41	电子商务	2008	上海
18	奇思科技	38	软件应用	2011	天津
19	神州专车	35.5	交通出行	2015	北京
20	Here 地图	33	交通出行	2007	北京
20	腾讯云	33	云服务	2010	深圳
20	乐视体育	33	文化娱乐	2012	北京
23	易商	32	物流	2011	上海
24	复宏汉霖	31.8	大健康	2010	上海
25	大地影院	31	文化娱乐	2007	深圳
26	苏宁金融	30	互联网金融	2006	上海
26	一下科技	30	文化娱乐	2011	北京
26	宁德时代	30	交通出行	2011	宁德
26	柔宇科技	30	智能硬件	2012	深圳
26	平安好医生	30	大健康	2014	上海
26	奇点汽车	30	交通出行	2014	上海
26	阿里音乐	30	文化娱乐	2015	北京
26	易鑫金融	30	互联网金融	2015	北京
26	美丽联合集团	30	电子商务	2016	杭州
35	万达影视投资	29.2	文化娱乐	2015	青岛
36	爱奇艺	25	文化娱乐	2010	北京
37	百度外卖	24	电子商务	2014	北京
38	快手	22	文化娱乐	2011	北京
39	淘票票	21.1	电子商务	2014	杭州
40	人人贷	20	互联网金融	2010	北京
40	Face + +	20	人工智能	2011	北京
40	惠民网	20	电子商务	2013	北京
40	科信美德	20	大健康	2014	北京
40	微票儿	20	电子商务	2014	北京
40	万达电商	20	电子商务	2014	香港
40	芒果 TV	20	文化娱乐	2014	长沙
40	摩拜单车	20	交通出行	2015	北京
40	阅文集团	20	文化娱乐	2015	上海

续表

排名	企业名称	估值（亿美元）	行业	成立时间	所在地
49	银隆新能源	19.5	交通出行	2009	珠海
50	三胞国际医疗	19.3	大健康	2014	上海
51	猪八戒网	17.5	电子商务	2006	重庆
52	优信互联	17	电子商务	2011	北京
53	蔚来汽车	16.7	交通出行	2014	上海
54	土巴兔	16	电子商务	2008	深圳
55	钉钉	15.5	企业服务	2014	杭州
56	拍拍贷	15	互联网金融	2007	上海
56	微医集团	15	大健康	2010	杭州
56	口袋购物	15	电子商务	2011	北京
56	APUS	15	软件应用	2014	北京
56	界面	15	新媒体	2014	上海
56	英雄互娱	15	文化娱乐	2015	北京
62	乐视影业	14.7	文化娱乐	2011	北京
63	宝宝树	14.5	电子商务	2007	北京
64	微贷网	13.8	互联网金融	2011	杭州
65	安能物流	13	物流	2010	上海
65	途家网	13	旅游	2011	北京
65	58 到家	13	电子商务	2014	天津
68	趣分期	12.9	互联网金融	2014	北京
69	罗计物流	12.6	物流	2014	北京
70	爱屋吉屋	12.5	房地产	2014	上海
71	易果生鲜	12	电子商务	2007	上海
71	易生金服	12	互联网金融	2011	北京
71	猫眼电影	12	文化娱乐	2012	北京
71	ETCP 停车	12	交通出行	2012	北京
71	新达达	12	物流	2016	上海
76	分期乐	11.8	互联网金融	2014	深圳
77	360 企业安全	11.6	网络安全	2014	北京
78	百望云	11.2	云服务	2015	北京
79	金山云	11.1	云服务	2011	北京
80	乐视云	10.8	云服务	2014	北京

续表

排名	企业名称	估值（亿美元）	行业	成立时间	所在地
80	沪江网校	10.8	互联网教育	2015	上海
82	要出发	10.6	旅游	2011	广州
83	玖富	10	互联网金融	2006	北京
83	猎聘网	10	企业服务	2006	北京
83	返利网	10	电子商务	2006	上海
83	波奇网	10	电子商务	2007	上海
83	VIPABC	10	互联网教育	2008	北京
83	纷享逍客	10	企业服务	2008	北京
83	亿赞普	10	大数据	2008	北京
83	掌阅科技	10	文化娱乐	2008	北京
83	我买网	10	电子商务	2009	北京
83	易到用车	10	交通出行	2010	北京
83	车易拍	10	电子商务	2010	北京
83	酒仙网	10	电子商务	2010	北京
83	36 氪	10	新媒体	2010	北京
83	洋码头	10	电子商务	2010	上海
83	魔方公寓	10	房地产	2010	上海
83	蜜芽宝贝	10	电子商务	2011	北京
83	融 360	10	互联网金融	2011	北京
83	春雨医生	10	大健康	2011	北京
83	瓜子二手车	10	电子商务	2011	北京
83	房多多	10	房地产	2011	深圳
83	信达生物制药	10	大健康	2011	苏州
83	Geo 集奥聚合	10	大数据	2012	北京
83	纳恩博	10	交通出行	2012	北京
83	云知声	10	人工智能	2012	北京
83	知乎	10	社交	2012	北京
83	触宝科技	10	软件应用	2012	上海
83	WiFi 万能钥匙	10	软件应用	2012	上海
83	辣妈帮	10	社交	2012	深圳
83	优必选科技	10	人工智能	2012	深圳
83	车猫二手车	10	电子商务	2012	杭州

续表

排名	企业名称	估值（亿美元）	行业	成立时间	所在地
83	51 信用卡	10	互联网金融	2012	杭州
83	卷皮	10	电子商务	2012	武汉
83	孩子王	10	电子商务	2012	南京
83	VIPKID	10	互联网教育	2013	北京
83	小红书	10	电子商务	2013	上海
83	美莱网	10	电子商务	2014	北京
83	朴新教育	10	互联网教育	2014	北京
83	云鸟配送	10	物流	2014	北京
83	ofo 共享单车	10	交通出行	2014	北京
83	商汤科技	10	人工智能	2014	北京
83	贝贝网	10	电子商务	2014	杭州
83	拼多多	10	电子商务	2014	杭州
83	乐道互动	10	文化娱乐	2014	天津
83	斗鱼	10	文化娱乐	2014	武汉
83	货车帮	10	物流	2014	贵阳
83	优客工场	10	企业服务	2015	北京
83	映客	10	文化娱乐	2015	北京
83	碳云智能	10	大健康	2015	深圳
83	360 健康	10	大健康	2015	广州

附表 1－2　长城战略咨询中关村独角兽企业榜单（2017）

序号	排名	企业名称	估值（亿美元）	行业	成立时间	所在地
1	1	蚂蚁金服	750	互联网金融	2014	杭州
2	2	滴滴出行	560	交通出行	2012	北京
3	3	小米	460	智能硬件	2010	北京
4	4	阿里云	390	云服务	2009	杭州
5	5	美团点评	300	电子商务	2010	北京
6	6	宁德时代	200	新能源汽车	2011	宁德
7	6	今日头条	200	新媒体	2012	北京
8	6	菜鸟网络	200	物流	2013	深圳
9	9	陆金所	185	互联网金融	2011	上海

续表

序号	排名	企业名称	估值（亿美元）	行业	成立时间	所在地
10	10	借贷宝	107.7	互联网金融	2014	北京
11	11	微众银行	92.3	互联网金融	2015	深圳
12	12	平安医保科技	88	互联网金融	2016	上海
13	13	口碑	80	电子商务	2015	杭州
14	13	金融易账通	80	互联网金融	2015	上海
15	15	京东金融	76.9	互联网金融	2013	北京
16	16	饿了么	55	电子商务	2008	上海
17	17	平安好医生	54	大健康	2014	上海
18	18	威马汽车	50	新能源汽车	2011	上海
19	18	联影医疗	50	大健康	2011	上海
20	18	蔚来汽车	50	新能源汽车	2014	上海
21	21	爱奇艺	45.9	文化娱乐	2010	北京
22	22	北汽新能源	43	新能源汽车	2009	北京
23	23	优必选科技	40	人工智能	2012	深圳
24	23	聚宝匯	40	互联网金融	2014	深圳
25	25	神州专车	35.5	交通出行	2015	北京
26	26	腾讯云	33	云服务	2010	深圳
27	27	易商	32	物流	2011	上海
28	27	瓜子二手车	32	电子商务	2011	北京
29	27	猫眼电影	32	文化娱乐	2012	北京
30	30	复宏汉霖	31.8	大健康	2010	上海
31	31	自如	30.8	房产服务	2012	北京
32	32	易果生鲜	30	电子商务	2007	上海
33	32	一下科技	30	文化娱乐	2011	北京
34	32	快手	30	文化娱乐	2011	北京
35	32	柔宇科技	30	智能硬件	2012	深圳
36	32	奇点汽车	30	新能源汽车	2014	上海
37	32	万达电商	30	电子商务	2014	香港
38	32	阿里音乐	30	文化娱乐	2015	北京
39	32	美丽联合集团	30	电子商务	2016	杭州
40	40	ofo 共享单车	26	交通出行	2014	北京
41	40	摩拜单车	26	交通出行	2015	北京

续表

序号	排名	企业名称	估值（亿美元）	行业	成立时间	所在地
42	42	Face + +	25	人工智能	2011	北京
43	42	商汤科技	25	人工智能	2014	北京
44	44	惠民网	22	电子商务	2013	北京
45	45	金山云	21.2	云服务	2011	北京
46	46	淘票票	21.1	电子商务	2014	上海
47	47	土巴兔	20	电子商务	2008	深圳
48	47	人人贷	20	互联网金融	2010	北京
49	47	满帮	20	物流	2013	贵阳 南京
50	47	网信理财	20	互联网金融	2013	北京
51	47	科信美德	20	大健康	2014	北京
52	47	美菜网	20	电子商务	2014	北京
53	47	英雄互娱	20	文化娱乐	2015	北京
54	54	银隆新能源	19.5	新能源汽车	2009	珠海
55	55	三胞国际医疗	19.3	大健康	2014	上海
56	56	APUS	18.5	软件应用	2014	北京
57	57	优信互联	17	电子商务	2011	北京
58	58	汇通达	16	电子商务	2010	南京
59	58	51 信用卡	16	互联网金融	2012	杭州
60	60	孩子王	15.85	电子商务	2012	南京
61	61	钉钉	15.5	企业服务	2014	杭州
62	62	惠龙国际	15.4	物流	2007	镇江
63	62	草根投资	15.4	互联网金融	2013	杭州
64	62	曹操专车	15.4	交通出行	2015	杭州
65	65	新潮传媒	15	新媒体	2007	成都
66	65	微医集团	15	大健康	2010	杭州
67	65	口袋购物	15	电子商务	2011	北京
68	65	途家网	15	旅游	2011	北京
69	65	春雨医生	15	大健康	2011	北京
70	65	UCloud 优刻得	15	云服务	2011	上海
71	65	纳恩博	15	交通出行	2012	北京
72	65	团贷网	15	互联网金融	2012	东莞

续表

序号	排名	企业名称	估值（亿美元）	行业	成立时间	所在地
73	65	大搜车	15	电子商务	2012	杭州
74	65	VIPKID	15	互联网教育	2013	北京
75	65	界面	15	新媒体	2014	上海
76	65	拼多多	15	电子商务	2014	上海
77	65	斗鱼	15	文化娱乐	2014	武汉
78	65	橙行智动	15	新能源汽车	2014	广州
79	79	宝宝树	14.5	电子商务	2007	北京
80	80	IMS 新媒体	14	新媒体	2009	北京
81	80	优客工场	14	企业服务	2015	北京
82	82	丰巢科技	13.85	物流	2015	深圳
83	83	微贷网	13.8	互联网金融	2011	杭州
84	84	安能物流	13	物流	2010	上海
85	84	58 到家	13	电子商务	2014	天津
86	86	驴妈妈	12.6	旅游	2008	上海
87	86	罗计物流	12.6	物流	2014	北京
88	86	知豆汽车	12.6	新能源汽车	2015	宁波
89	89	一起作业	12.5	互联网教育	2013	上海
90	89	爱屋吉屋	12.5	房产服务	2014	上海
91	91	网易云音乐	12.3	文化娱乐	2014	杭州
92	92	易生金服	12	互联网金融	2011	北京
93	92	ETCP	12	交通出行	2012	北京
94	92	药明明码	12	大健康	2015	上海
95	92	新达达	12	物流	2016	上海
96	96	360 企业安全	11.6	企业服务	2014	北京
97	97	百望云	11.2	云服务	2015	北京
98	98	数梦工场	11	大数据	2015	杭州
99	99	蓝卡健康	10.9	大健康	2012	沈阳
100	99	DotC United Group	10.9	企业服务	2014	北京
101	101	沪江网校	10.8	互联网教育	2015	上海
102	101	首汽约车	10.8	交通出行	2015	北京
103	101	得到	10.8	文化娱乐	2015	北京
104	104	要出发	10.6	旅游	2011	广州

续表

序号	排名	企业名称	估值（亿美元）	行业	成立时间	所在地
105	104	富途证券	10.6	互联网金融	2012	香港
106	106	一点资讯	10.5	文化娱乐	2013	北京
107	107	波奇网	10	电子商务	2007	上海
108	107	恒神	10	交通出行	2007	丹阳
109	107	VIPABC	10	互联网教育	2008	北京
110	107	随手科技	10	互联网金融	2008	深圳
111	107	我买网	10	电子商务	2009	北京
112	107	安翰	10	大健康	2009	北京
113	107	车易拍	10	电子商务	2010	北京
114	107	酒仙网	10	电子商务	2010	北京
115	107	36 氪	10	新媒体	2010	北京
116	107	洋码头	10	电子商务	2010	上海
117	107	魔方公寓	10	房产服务	2010	上海
118	107	蜜芽宝贝	10	电子商务	2011	北京
119	107	房多多	10	房产服务	2011	深圳
120	107	信达生物制药	10	大健康	2011	苏州
121	107	七牛云	10	云服务	2011	上海
122	107	诺禾致源	10	大健康	2011	北京
123	107	腾云天下	10	大数据	2011	北京
124	107	依图科技	10	人工智能	2012	上海
125	107	Geo 集奥聚合	10	大数据	2012	北京
126	107	知乎	10	社交	2012	北京
127	107	触宝科技	10	软件应用	2012	上海
128	107	WiFi 万能钥匙	10	软件应用	2012	上海
129	107	辣妈帮	10	社交	2012	深圳
130	107	车猫二手车	10	电子商务	2012	杭州
131	107	卷皮	10	电子商务	2012	武汉
132	107	青云 QingCloud	10	云服务	2012	北京
133	107	同盾科技	10	大数据	2012	杭州
134	107	越海全球供应链	10	物流	2012	深圳
135	107	猿辅导	10	互联网教育	2012	北京
136	107	找钢网	10	电子商务	2012	上海

续表

序号	排名	企业名称	估值（亿美元）	行业	成立时间	所在地
137	107	小猪短租	10	房产服务	2012	北京
138	107	出门问问	10	人工智能	2012	北京
139	107	小红书	10	电子商务	2013	上海
140	107	学霸君	10	互联网教育	2013	上海
141	107	奥比中光	10	智能硬件	2013	深圳
142	107	华云数据	10	云服务	2013	无锡
143	107	点融网	10	互联网金融	2013	上海
144	107	LALAMOVE 啦啦快送	10	物流	2013	香港
145	107	我来贷	10	互联网金融	2013	香港
146	107	有利网	10	互联网金融	2013	北京
147	107	比特大陆	10	互联网金融	2013	北京
148	107	时空电动	10	新能源汽车	2013	杭州
149	107	朴新教育	10	互联网教育	2014	北京
150	107	云鸟配送	10	物流	2014	北京
151	107	贝贝网	10	电子商务	2014	杭州
152	107	乐道互动	10	文化娱乐	2014	天津
153	107	每日优鲜	10	电子商务	2014	北京
154	107	智米科技	10	智能硬件	2014	北京
155	107	映客	10	文化娱乐	2015	北京
156	107	碳云智能	10	大健康	2015	深圳
157	107	360 健康	10	大健康	2015	广州
158	107	作业帮	10	互联网教育	2015	北京
159	107	转转	10	电子商务	2015	北京
160	107	阿里体育	10	文化娱乐	2015	上海
161	107	斑马快跑	10	交通出行	2015	武汉
162	107	寒武纪科技	10	人工智能	2016	北京
163	107	便利蜂	10	电子商务	2016	北京
164	107	直播优选	10	互联网教育	2017	武汉

附表1-3　长城战略咨询独角兽榜单（2018）

序号	排名	企业名称	估值（亿美元）	行业	成立时间	所在地
1	1	蚂蚁金服	1500	金融科技	2014	杭州
2	2	今日头条	750	新文娱	2012	北京
3	3	滴滴出行	600	交通出行	2012	北京
4	4	快手	200	新文娱	2011	北京
5	4	京东数科	200	企业服务	2013	北京
6	4	菜鸟网络	200	智慧物流	2013	深圳
7	7	比特大陆	145	金融科技	2013	北京
8	8	微众银行	92.3	金融科技	2015	深圳
9	9	贝壳找房	90	房产服务	2015	北京
10	10	平安医保科技	88	金融科技	2016	上海
11	11	金融壹账通	75	金融科技	2015	深圳
12	12	车好多	66	电子商务	2011	北京
13	13	华人文化	61.5	新文娱	2017	上海
14	14	商汤科技	60	人工智能	2014	北京
15	14	满帮	60	智慧物流	2017	贵阳/南京
16	16	微医集团	55	医疗健康	2010	杭州
17	17	联影医疗	50	生物医药	2011	上海
18	17	优必选科技	50	人工智能	2012	深圳
19	19	达达—京东到家	46	智慧物流	2016	上海
20	20	橙行智动	38.5	新能源汽车	2015	广州
21	21	斗鱼	36.7	新文娱	2015	武汉
22	22	度小满金融	36	金融科技	2016	西安
23	23	神州专车	35.5	交通出行	2015	北京
24	24	大搜车	35	电子商务	2012	杭州
25	24	VIPKID	35	互联网教育	2013	北京
26	24	奇点汽车	35	新能源汽车	2014	铜陵
27	24	云从科技	35	人工智能	2015	广州
28	24	网易云音乐	35	新文娱	2016	杭州
29	29	喜马拉雅	34	新文娱	2012	上海
30	30	游侠汽车	33.5	新能源汽车	2017	上海
31	31	美菜网	33	电子商务	2014	北京
32	32	微盟	32.1	企业服务	2014	上海

续表

序号	排名	企业名称	估值（亿美元）	行业	成立时间	所在地
33	33	易商	32	智慧物流	2011	上海
34	33	猫眼电影	32	新文娱	2015	北京
35	35	复宏汉霖	31.8	生物医药	2010	上海
36	36	汇通达	30.8	电子商务	2010	南京
37	36	自如	30.8	房产服务	2016	北京
38	38	一下科技	30	新文娱	2011	北京
39	38	旷视科技	30	人工智能	2011	北京
40	38	柔宇科技	30	智能软件	2012	深圳
41	38	猿辅导	30	互联网教育	2012	北京
42	38	小红书	30	电子商务	2013	上海
43	38	掌门 1 对 1	30	互联网教育	2014	深圳
44	38	地平线机器人	30	人工智能	2015	北京
45	38	优客工场	30	企业服务	2015	北京
46	38	威马汽车	30	新能源汽车	2016	上海
47	38	阿里音乐	30	新文娱	2016	北京
48	48	孚能科技	29.8	新能源汽车	2009	赣州
49	49	奇安信	28.5	企业服务	2014	北京
50	50	明略数据	27	大数据	2014	北京
51	51	杰华生物	26.7	生物医药	2008	青岛
52	52	苏宁体育	26	体育	2016	南京
53	53	作业帮	25	互联网教育	2015	北京
54	53	寒武纪科技	25	人工智能	2016	北京
55	53	哈罗出行	25	交通出行	2016	上海
56	56	依图科技	24	人工智能	2012	上海
57	56	知乎	24	社交	2012	北京
58	58	金山云	23.73	云服务	2011	北京
59	59	途虎养车	23	电子市务	2014	上海
60	60	UCloud 优刻得	22.5	云服务	2011	上海
61	61	惠民网	22	电子商务	2013	北京
62	61	知行电动	22	新能源汽车	2016	南京
63	61	瑞幸咖啡	22	电子商务	2017	北京
64	64	淘票票	21.1	新文娱	2014	杭州

续表

序号	排名	企业名称	估值（亿美元）	行业	成立时间	所在地
65	65	云集	21	电子商务	2013	杭州
66	66	土巴兔	20	房产服务	2008	深圳
67	66	挖财	20	金融科技	2009	杭州
68	66	奥比中光	20	智能硬件	2013	深圳
69	66	科信美德	20	生物医药	2014	北京
70	66	每日优鲜	20	电子商务	2014	北京
71	66	英雄互娱	20	新文娱	2015	延安
72	66	车和家	20	新能源汽车	2015	北京
73	66	药明明码	20	生物医药	2015	上海
74	66	蛋壳公寓	20	房产服务	2015	北京
75	75	马蜂窝	19	旅游	2011	北京
76	76	影谱科技	18. 5	人工智能	2013	北京
77	76	APUS	18. 5	软件工具	2014	北京
78	76	电咖汽车	18. 5	新能源汽车	2016	绍兴
79	79	晶科电力	18. 4	新能源	2011	上饶
80	80	日日顺物流	17. 38	智慧物流	2013	青岛
81	81	闪银奇异	16	金融科技	2014	北京
82	81	便利蜂	16	电子商务	2016	北京
83	83	孩子王	15. 85	电子商务	2012	南京
84	84	哒哒英语	15. 5	互联网教育	2013	上海
85	85	普泰集团	15. 4	智慧物流	2010	香港
86	85	医渡云	15. 4	大数据	2012	北京
87	85	华云数据	15. 4	云服务	2013	无锡
88	85	惠龙易通	15. 4	智慧物流	2013	镇江
89	85	涂鸦智能	15. 4	人工智能	2014	杭州
90	85	曹操专车	15. 4	交通出行	2015	杭州
91	85	斑马智行	15. 4	新能源汽车	2015	上海
92	85	爱驰汽车	15. 4	新能源汽车	2016	上海
93	93	快看漫画	15. 3	新文娱	2014	北京
94	94	爱回收	15	电子商务	2010	上海
95	94	口袋购物	15	电子商务	2011	北京
96	94	途家网	15	房产服务	2011	北京

续表

序号	排名	企业名称	估值（亿美元）	行业	成立时间	所在地
97	94	春雨医生	15	医疗健康	2011	北京
98	94	纳恩博	15	智能硬件	2012	北京
99	94	云知声	15	人工智能	2012	北京
100	94	小猪短租	15	房产服务	2012	北京
101	94	Tink Labs	15	软件工具	2012	香港
102	94	界面	15	新文娱	2014	上海
103	94	容百新能源	15	新能源汽车	2014	宁波
104	94	高顿网校	15	互联网教育	2014	上海
105	105	IMS 新媒体	14	新文娱	2009	北京
106	106	丰巢科技	13.85	智慧物流	2015	深圳
107	107	国铁吉讯	13.6	交通出行	2017	北京
108	108	安能物流	13	智慧物流	2010	上海
109	108	Geo 集奥聚合	13	大数据	2012	北京
110	108	58 到家	13	电子商务	2014	天津
111	108	安鲜达	13	智慧物流	2015	上海
112	112	罗计物流	12.6	智慈物流	2014	北京
113	113	一起作业	12.5	互联网教育	2012	上海
114	113	云鸟科技	12.5	智慧物流	2015	北京
115	115	伟东云教育	12	互联网教育	2012	青岛
116	115	ETCP 停车	12	交通出行	2012	北京
117	115	名创优品	12	电子商务	2013	广州
118	115	闪送	12	智慧物流	2013	北京
119	115	零跑科技	12	新能源汽车	2015	杭州
120	115	第四范式	12	人工智能	2015	北京
121	115	百望云	12	云服务	2015	北京
122	115	聚好看	12	新文娱	2016	青岛
123	123	车置宝	11.7	电子商务	2010	南京
124	124	九次方大数据	11.5	大数据	2010	北京
125	125	开沃新能源	11.4	新能源汽车	2010	南京
126	126	国盾量子	11.3	量子通信	2009	合肥
127	127	菜鸟驿站	11.2	智慧物流	2013	杭州
128	128	易点天下	11	企业服务	2011	西安

续表

序号	排名	企业名称	估值（亿美元）	行业	成立时间	所在地
129	128	易久批	11	电子商务	2014	北京
130	128	数梦工场	11	大数据	2015	杭州
131	128	斑马快跑	11	交通出行	2015	武汉
132	128	图森未来	11	人工智能	2016	北京
133	128	天境生物	11	生物医药	2016	上海
134	128	基石药业	11	生物医药	2016	苏州
135	135	DotC United Group	10.9	企业服务	2014	上海
136	136	零氪科技	10.8	大数据	2014	北京
137	136	沪江网校	10.8	互联网教育	2015	上海
138	136	首汽约车	10.8	交通出行	2015	北京
139	136	得到	10.8	新文娱	2015	北京
140	140	要出发	10.6	旅游	2011	广州
141	140	富途证券	10.6	金融科技	2012	香港
142	140	老虎证券	10.6	金融科技	2014	银川
143	143	Boss 直聘	10.55	企业服务	2013	北京
144	144	一点资讯	10.5	新文娱	2013	北京
145	144	花生好车	10.5	电子商务	2015	北京
146	144	特斯联科技	10.5	智能软件	2015	北京
147	144	联易融	10.5	金融科技	2016	深圳
148	148	好享家	10.2	房产服务	2009	南京
149	148	执御	10.2	电子商务	2012	杭州
150	150	VIPABC	10	互联网教育	2008	北京
151	150	安翰	10	生物医药	2009	武汉
152	150	点我达	10	智慧物流	2009	杭州
153	150	酒仙网	10	电子商务	2010	北京
154	150	36 氪	10	新文娱	2010	北京
155	150	洋码头	10	电子商务	2010	上海
156	150	魔方公寓	10	房产服务	2010	上海
157	150	慧科教育	10	互联网教育	2010	北京
158	150	壹玖壹玖	10	电子商务	2010	成都
159	150	随手科技	10	金融科技	2011	深圳
160	150	安芽宝贝	10	电子商务	2011	北京

续表

序号	排名	企业名称	估值（亿美元）	行业	成立时间	所在地
161	150	房多多	10	房产服务	2011	深圳
162	150	七牛云	10	云服务	2011	上海
163	150	诺禾致源	10	生物医药	2011	北京
164	150	腾云天下	10	大数据	2011	北京
165	150	G7	10	智慧物流	2011	北京
166	150	卷皮	10	电子商务	2012	武汉
167	150	深兰科技	10	人工智能	2012	上海
168	150	我买网	10	电子商务	2012	北京
169	150	WiFi 万能钥匙	10	软件工具	2012	上海
170	150	辣妈帮	10	社交	2012	深圳
171	150	车猫二手车	10	电子商务	2012	杭州
172	150	青云 QingCloud	10	云服务	2012	北京
173	150	同盾科技	10	大数据	2012	杭州
174	150	越海全球供应链	10	智慧物流	2012	深圳
175	150	找钢网	10	电子商务	2012	上海
176	150	出门问问	10	人工智能	2012	北京
177	150	学霸君	10	互联网教育	2013	上海
178	150	时空电动	10	新能源汽车	2013	杭州
179	150	脉脉	10	社交	2013	北京
180	150	新氧	10	医疗健康	2013	北京
181	150	巴图鲁汽配铺	10	电子商务	2013	广州
182	150	贝贝网	10	电子商务	2014	杭州
183	150	智米科技	10	智能硬件	2014	北京
184	150	中创为量子	10	量子通信	2014	北京
185	150	艾佳生活	10	房产服务	2014	南京
186	150	客路旅行	10	旅游	2014	深圳
187	150	云天励飞	10	人工智能	2014	深圳
188	150	碳云智能	10	生物医药	2015	深圳
189	150	360 健康	10	医疗健康	2015	广州
190	150	阿里体育	10	体育	2015	上海
191	150	微鲸科技	10	智能硬件	2015	上海
192	150	杨凌美畅	10	新材料	2015	杨凌

续表

序号	排名	企业名称	估值（亿美元）	行业	成立时间	所在地
193	150	医联	10	医疗健康	2015	成都
194	150	农信互联	10	电子商务	2015	北京
195	150	壹米滴答	10	智慧物流	2015	上海
196	150	药帮忙	10	电子商务	2015	武汉
197	150	货拉拉	10	智慧物流	2016	深圳
198	150	小马智行	10	人工智能	2016	北京
199	150	初速度	10	人工智能	2016	北京
200	150	转转	10	电子商务	2017	北京
201	150	禧云国际	10	电子商务	2017	天津
202	150	Weave Co – Living	10	房产服务	2017	香港

附表 1－4　长城战略咨询独角兽榜单（2019）

序号	排名	企业名称	估值（亿美元）	行业	成立时间	所在地
1	1	蚂蚁集团	1500	金融科技	2014	杭州
2	2	字节跳动	750	新文娱	2012	北京
3	3	滴滴出行	580	出行服务	2012	北京
4	4	菜鸟网络	300	智慧物流	2013	深圳
5	5	快手	286	新文娱	2011	北京
6	6	京东数科	200	企业服务	2013	北京
7	7	京东物流	134	智慧物流	2012	北京
8	8	微众银行	92.3	金融科技	2015	深圳
9	9	瓜子二手车	90	汽车服务	2011	北京
10	9	贝壳找房	90	数字房产	2015	北京
11	11	平安医保科技	88	医疗健康	2016	上海
12	12	京东健康	76	医疗健康	2019	北京
13	13	华人文化	61.5	新文娱	2017	上海
14	14	商汤科技	60	人工智能	2014	北京
15	14	威马汽车	60	新能源汽车	2016	上海
16	14	满帮	60	智慧物流	2017	贵阳
17	17	微医集团	55	医疗健康	2010	杭州
18	18	万向一二三	51	新能源	2011	杭州

续表

序号	排名	企业名称	估值（亿美元）	行业	成立时间	所在地
19	19	联影医疗	50	医疗健康	2011	上海
20	19	优必选	50	人工智能	2012	深圳
21	19	自如	50	数字房产	2016	北京
22	22	达达集团	46	生活服务	2016	上海
23	23	VIPKID	45	互联网教育	2013	北京
24	24	云从科技	44	人工智能	2015	广州
25	25	网易云音乐	42	新文娱	2016	杭州
26	26	旷视科技	40	人工智能	2011	北京
27	26	比特大陆	40	金融科技	2013	北京
28	26	小鹏汽车	40	新能源汽车	2015	广州
29	26	哈啰出行	40	出行服务	2016	上海
30	30	度小满	36	金融科技	2016	西安
31	31	奇安信	35.4	网络工具	2014	北京
32	32	大搜车	35	汽车服务	2012	杭州
33	32	奇点汽车	35	新能源汽车	2014	铜陵
34	32	寒武纪	35	人工智能	2016	北京
35	35	喜马拉雅	34	新文娱	2012	上海
36	36	美菜网	33	产业互联网	2014	北京
37	37	汇通达	30.8	产业互联网	2010	南京
38	38	一下科技	30	新文娱	2011	北京
39	38	柔宇科技	30	智能硬件	2012	深圳
40	38	猿辅导	30	互联网教育	2012	北京
41	38	小红书	30	新零售	2013	上海
42	38	掌门 1 对 1	30	互联网教育	2014	深圳
43	38	涂鸦智能	30	人工智能	2014	杭州
44	38	地平线	30	人工智能	2015	北京
45	38	优客工场	30	企业服务	2015	北京
46	38	阿里音乐	30	新文娱	2016	北京
47	38	华大智造	30	医疗健康	2016	深圳
48	48	孚能科技	29.8	新能源	2009	赣州
49	49	跨越速运	29	智慧物流	2013	深圳
50	50	知乎	27	社交	2012	北京

续表

序号	排名	企业名称	估值（亿美元）	行业	成立时间	所在地
51	50	明略科技	27	大数据	2014	北京
52	52	金山云	26.5	云服务	2011	北京
53	53	依图科技	26	人工智能	2012	上海
54	53	苏宁体育	26	体育科技	2016	南京
55	55	途虎养车	25	汽车服务	2014	上海
56	55	SheIn	25	电子商务	2014	南京
57	55	作业帮	25	互联网教育	2015	北京
58	58	乐元素	24.6	新文娱	2012	北京
59	59	准时达	23.6	智慧物流	2010	成都
60	60	医渡云	23.2	医疗健康	2012	贵阳
61	60	惠民网	23.2	产业互联网	2013、	济南
62	62	每日优鲜	23	新零售	2014	北京
63	63	蛋壳公寓	22	数字房产	2015	北京
64	64	淘票票	21.1	新文娱	2014	杭州
65	65	爱回收	20	新零售	2010	上海
66	65	奥比中光	20	智能硬件	2013	深圳
67	65	影谱科技	20	人工智能	2013	北京
68	65	科信美德	20	医疗健康	2014	北京
69	65	快看漫画	20	新文娱	2014	北京
70	65	英雄互娱	20	新文娱	2015	延安
71	65	理想汽车	20	新能源汽车	2015	北京
72	65	药明明码	20	医疗健康	2015	上海
73	65	爱驰汽车	20	新能源汽车	2016	上饶
74	74	马蜂窝	19	旅游科技	2011	北京
75	75	千寻位置	18.8	大数据	2015	上海
76	76	APUS	18.5	网络工具	2014	北京
77	76	天际汽车	18.5	新能源汽车	2016	绍兴
78	78	晶科电力	18.4	新能源	2011	上饶
79	79	UCloud 优刻得	17.7	云服务	2011	上海
80	80	日日顺物流	17.4	智慧物流	2013	青岛
81	80	氪空间	17.4	企业服务	2014	北京
82	82	T3 出行	17	出行服务	2019	南京

续表

序号	排名	企业名称	估值（亿美元）	行业	成立时间	所在地
83	83	小马智行	16.7	智能网联	2016	广州
84	84	一点资讯	16	新文娱	2013	北京
85	84	便利蜂	16	新零售	2016	北京
86	84	鲸算科技	16	人工智能	2018	杭州
87	87	孩子王	15.9	新零售	2012	南京
88	88	普泰集团	15.4	智慧物流	2010	香港
89	88	惠龙易通	15.4	智慧物流	2013	镇江
90	88	曹操出行	15.4	出行服务	2015	杭州
91	88	斑马智行	15.4	智能网联	2015	上海
92	88	阿里体育	15.4	体育科技	2015	上海
93	88	驹马物流	15.4	智慧物流	2015	成都
94	94	口袋购物	15	电子商务	2011	北京
95	94	途家网	15	旅游科技	2011	北京
96	94	春雨医生	15	医疗健康	2011	北京
97	94	纳恩博	15	智能硬件	2012	北京
98	94	云知声	15	人工智能	2012	北京
99	94	小猪短租	15	旅游科技	2012	北京
100	94	界面	15	新文娱	2014	上海
101	94	高顿网校	15	互联网教育	2014	上海
102	94	易久批	15	产业互联网	2014	北京
103	94	数梦工场	15	大数据	2015	杭州
104	94	达闼科技	15	人工智能	2015	深圳
105	94	转转	15	电子商务	2017	北京
106	94	秦淮数据	15	大数据	2017	张家口
107	107	百望云	14.6	企业服务	2015	北京
108	108	康众汽配	14.5	汽车服务	2013	南京
109	108	云天励飞	14.5	人工智能	2014	深圳
110	108	特斯联	14.5	人工智能	2015	北京
111	108	欧冶云商	14.5	产业互联网	2015	上海
112	108	谊品生鲜	14.5	新零售	2017	重庆
113	113	NOME	14	新零售	2017	广州
114	114	丰巢科技	13.9	智慧物流	2015	深圳

续表

序号	排名	企业名称	估值（亿美元）	行业	成立时间	所在地
115	115	连连数字	13.8	金融科技	2009	杭州
116	116	国铁吉讯	13.6	出行服务	2017	北京
117	117	安能物流	13	智慧物流	2010	上海
118	117	Geo 集奥聚合	13	大数据	2012	北京
119	117	华云数据	13	云服务	2013	无锡
120	117	58 到家	13	生活服务	2014	天津
121	117	喜茶	13	新零售	2016	深圳
122	122	罗计物流	12.6	智慧物流	2014	北京
123	123	一起作业	12.5	互联网教育	2012	上海
124	123	云鸟配送	12.5	智慧物流	2015	北京
125	125	兴盛优选	12.4	新零售	2018	长沙
126	126	伟东云教育	12	互联网教育	2012	青岛
127	126	ETCP 停车	12	出行服务	2012	北京
128	126	名创优品	12	新零售	2013	广州
129	126	闪送	12	智慧物流	2013	北京
130	126	百布	12	产业互联网	2013	广州
131	126	城家公寓	12	数字房产	2014	上海
132	126	钱大妈	12	新零售	2014	广州
133	126	第四范式	12	人工智能	2015	北京
134	126	极智嘉	12	人工智能	2015	北京
135	126	聚好看	12	新文娱	2016	青岛
136	126	图森未来	12	智能网联	2016	北京
137	126	水滴公司	12	金融科技	2016	北京
138	126	智加科技	12	智能网联	2018	苏州
139	139	巴图鲁	11.6	汽车服务	2013	广州
140	140	中创为量子	11.5	量子通信	2014	北京
141	141	开沃新能源	11.4	新能源汽车	2010	南京
142	142	国盾量子	11.3	量子通信	2009	合肥
143	143	菜鸟驿站	11.2	智慧物流	2013	杭州
144	144	易点天下	11	企业服务	2011	西安
145	144	斑马快跑	11	出行服务	2015	武汉
146	144	天境生物	11	医疗健康	2016	上海

续表

序号	排名	企业名称	估值（亿美元）	行业	成立时间	所在地
147	147	DotC	10.9	企业服务	2014	上海
148	148	零氪科技	10.8	医疗健康	2014	北京
149	148	太合音乐	10.8	新文娱	2014	北京
150	148	沪江网校	10.8	互联网教育	2015	上海
151	148	首汽约车	10.8	出行服务	2015	北京
152	148	得到	10.8	新文娱	2015	北京
153	153	要出发	10.6	旅游科技	2011	广州
154	153	Boss 直聘	10.6	企业服务	2013	北京
155	155	花生好车	10.5	汽车服务	2015	北京
156	155	联易融	10.5	金融科技	2016	深圳
157	157	零跑科技	10.3	新能源汽车	2015	杭州
158	158	好享家	10.2	数字房产	2009	南京
159	158	执御	10.2	电子商务	2012	杭州
160	160	瑞派宠物	10.1	生活服务	2012	天津
161	161	安翰	10	医疗健康	2009	武汉
162	161	点我达	10	智慧物流	2009	杭州
163	161	酒仙网	10	新零售	2010	北京
164	161	洋码头	10	电子商务	2010	上而
165	161	魔方公寓	10	数字房产	2010	上海
166	161	慧科教育	10	互联网教育	2010	北京
167	161	壹玖壹玖	10	新零售	2010	成都
168	161	蜜芽宝贝	10	新零售	2011	北京
169	161	七牛云	10	云服务	2011	上海
170	161	诺禾致源	10	医疗健康	2011	北京
171	161	腾云天下	10	大数据	2011	北京
172	161	G7	10	智慧物流	2011	北京
173	161	酷家乐	10	数字房产	2011	杭州
174	161	卷皮	10	电子商务	2012	武汉
175	161	深兰科技	10	人工智能	2012	上海
176	161	我买网	10	电子商务	2012	北京
177	161	WiFi 万能钥匙	10	网络工具	2012	上海
178	161	辣妈帮	10	社交	2012	深圳

续表

序号	排名	企业名称	估值（亿美元）	行业	成立时间	所在地
179	161	车猫二手车	10	汽车服务	2012	杭州
180	161	青云 QingCloud	10	云服务	2012	北京
181	161	越海全球供应链	10	智慧物流	2012	深圳
182	161	找钢网	10	产业互联网	2012	上海
183	161	出门问问	10	人工智能	2012	北京
184	161	狮桥	10	汽车服务	2012	天津
185	161	学霸君	10	互联网教育	2013	上海
186	161	时空电动	10	新能源汽车	2013	杭州
187	161	脉脉	10	社交	2013	北京
188	161	贝贝网	10	电子商务	2014	杭州
189	161	智米科技	10	智能硬件	2014	北京
190	161	艾佳生活	10	数字房产	2014	南京
191	161	客路旅行	10	旅游科技	2014	深圳
192	161	合众汽车	10	新能源汽车	2014	嘉兴
193	161	睿智科技	10	大数据	2014	北京
194	161	松鼠 AI	10	互联网教育	2014	上海
195	161	作业盒子	10	互联网教育	2014	北京
196	161	智云健康	J0	医疗健康	2014	杭州
197	161	碳云智能	10	医疗健康	2015	深圳
198	161	360 健康	10	医疗健康	2015	广州
199	161	微鲸科技	10	智能硬件	2015	上海
200	161	杨凌美畅	10	新材料	2015	杨凌
201	161	医联	10	医疗健康	2015	成都
202	161	农信互联	10	产业互联网	2015	北京
203	161	壹米滴答	10	智慧物流	2015	上海
204	161	药帮忙	10	医疗健康	2015	武汉
205	161	得物	10	电子商务	2015	上海
206	161	KK 集团	10	新零售	2015	深圳
207	161	浪潮云	10	云服务	2015	济南
208	161	妙手医生	10	医疗健康	2015	北京
209	161	完美日记	10	新零售	2015	广州
210	161	货拉拉	10	智慧物流	2016	深圳

续表

序号	排名	企业名称	估值（亿美元）	行业	成立时间	所在地
211	161	初速度	10	智能互联	2016	北京
212	161	空中云汇	10	金融科技	2016	深圳
213	161	能链集团	10	汽车服务	2016	青岛
214	161	旅悦集团	10	旅游科技	2016	天津
215	161	禧云国际	10	产业互联网	2017	天津
216	161	Weave Co – Living	10	数字房产	2017	香港
217	161	连尚文学	10	新文娱	2017	南京
218	161	企鹅杏仁	10	医疗健康	2018	成都

附表1－5　长城战略咨询独角兽榜单（2020）

排名	企业名称	估值（亿美元）	赛道	创立时间	所在地
1	字节跳动	1800	数字文娱	2012	北京
2	蚂蚁集团	1500	金融科技	2014	杭州
3	滴滴出行	580	智慧出行	2012	北京
4	菜鸟网络	300	智慧物流	2013	深圳
5	快手	286	数字文娱	2011	北京
6	微众银行	216	金融科技	2015	深圳
7	京东科技	200	金融科技	2013	北京
8	猿辅导	170	互联网教育	2012	北京
9	Sheln	150	新零售	2014	南京
10	京东物流	134	智慧物流	2012	北京
11	商汤科技	120	人工智能	2014	北京
12	满帮	100	智慧物流	2017	贵阳
13	作业帮	96	互联网教育	2015	北京
14	车好多	90	汽车服务	2011	北京
15	平安医保科技	88	数字医疗	2016	上海
16	平安智慧城市	85	人工智能	2018	深圳
17	货拉拉	80	智慧物流	2016	深圳
18	微医集团	72	数字医疗	2010	杭州
18	涂鸦智能	72	物联网平台	2014	杭州
20	自如	66	数字房产	2016	北京

续表

排名	企业名称	估值（亿美元）	赛道	创立时间	所在地
21	华人文化	61.5	数字文娱	2017	上海
22	威马汽车	60	新能源与智能汽车	2016	上海
22	柔宇科技	60	智能硬件	2012	深圳
24	优必选	55	机器人	2012	深圳
25	小马智行	53	新能源与智能汽车	2016	广州
26	睿力集成	51.9	集成电路	2016	合肥
27	万向一二三	51	新能源与智能汽车	2011	杭州
28	联影医疗	50	创新药与器械	2011	上海
28	每日优鲜	50	新零售	2014	青岛
30	兴盛优选	48	新零售	2018	长沙
31	VIPKID	45	互联网教育	2013	北京
32	地平线	45	人工智能	2015	北京
33	云从科技	44	人工智能	2015	广州
33	新瑞鹏	44	生活服务	2013	深圳
35	网易云音乐	42	数字文娱	2016	杭州
36	旷视科技	40	人工智能	2011	北京
36	比特大陆	40	金融科技	2013	北京
36	哈啰出行	40	智慧出行	2016	上海
36	奇点汽车	40	新能源与智能汽车	2014	上海
36	汇通达	40	产业互联网	2010	南京
36	掌门教育	40	互联网教育	2014	上海
36	途虎养车	40	汽车服务	2014	上海
43	度小满	36	金融科技	2016	西安
43	明略科技	36	大数据	2014	北京
45	大搜车	35	汽车服务	2012	杭州
45	依图科技	35	人工智能	2012	上海
47	喜马拉雅	34	数字文娱	2012	上海
48	美菜网	33	产业互联网	2014	北京
48	微创医疗机器人	33	创新药与器械	2015	上海
50	华大智造	32	创新药与器械	2016	深圳
51	一下科技	30	数字文娱	2011	北京
51	小红书	30	新零售	2013	上海

续表

排名	企业名称	估值（亿美元）	赛道	创立时间	所在地
51	阿里音乐	30	数字文娱	2016	北京
51	万物新生	30	电子商务	2010	上海
51	T3 出行	30	智慧出行	2019	南京
51	丰巢科技	30	智慧物流	2015	深圳
57	天际汽车	29.4	新能源与智能汽车	2016	绍兴
57	谊品生鲜	29.4	新零售	2017	重庆
57	小度科技	29.4	智能硬件	2020	上海
60	水滴公司	29	数字医疗	2016	北京
61	海光信息	28.5	集成电路	2014	天津
62	知乎	27	数字文娱	2012	北京
63	丁香园	25	数字医疗	2010	杭州
63	高济医疗	25	数字医疗	2017	天津
65	乐元素	24.6	数字文娱	2012	北京
66	安能物流	24	智慧物流	2010	上海
66	雾芯科技	24	网红爆品	2018	深圳
68	准时达	23.6	智慧物流	2010	成都
69	喜茶	23.5	网红爆品	2016	深圳
69	零跑科技	23.5	新能源与智能汽车	2015	杭州
71	医渡云	23.2	数字医疗	2012	贵阳
71	中商惠民	23.2	产业互联网	2013	济南
71	多点 Dmall *	23.2	新零售	2015	北京
74	影谱科技	22	人工智能	2013	北京
74	致景科技	22	产业互联网	2013	广州
76	淘票票	21.1	数字文娱	2014	杭州
77	Boss 直聘	21	企业数字服务	2013	北京
78	奥比中光	20	智能硬件	2013	深圳
78	科信美德	20	创新药与器械	2014	北京
78	快看漫画	20	数字文娱	2014	北京
78	英雄互娱	20	数字文娱	2015	延安
78	爱驰汽车	20	新能源与智能汽车	2016	上饶
78	新康众	20	汽车服务	2013	南京
78	第四范式	20	人工智能	2015	北京

续表

排名	企业名称	估值（亿美元）	赛道	创立时间	所在地
78	极智嘉	20	机器人	2015	北京
78	七牛云	20	云服务	2011	上海
78	脉脉	20	生活服务	2013	北京
78	KLOOK 客路	20	旅游体育	2014	深圳
78	空中云汇	20	金融科技	2016	香港
78	能链集团	20	汽车服务	2016	青岛
78	叮咚买菜	20	新零售	2014	上海
78	PingPong 金	20	金融科技	2015	杭州
78	元气森林	20	网红爆品	2016	北京
78	滴滴沃芽	20	新能源与智能汽车	2019	上海
78	京东工业品	20	产业互联网	2020	北京
96	马蜂窝	19	旅游体育	2011	北京
96	长光卫星	19	商业航天	2014	长春
98	震坤行	18.9	产业互联网	2014	上海
99	千寻位置	18.8	智慧出行	2015	上海
100	APUS	18.5	企业数字服务	2014	北京
100	百信银行	18.5	金融科技	2017	北京
102	中创为量子	18.4	量子科技	2014	北京
103	易久批	18	电子商务	2014	北京
103	天鹅到家	18	生活服务	2014	天津
103	首汽约车	18	智慧出行	2015	北京
103	浩云长盛	18	云服务	2013	广州
107	高顿网校	17.6	互联网教育	2014	上海
107	云天励飞	17.6	人工智能	2014	深圳
107	浪潮云	17.6	云服务	2015	济南
110	日日顺物流	17.4	智慧物流	2013	青岛
110	氪空间	17.4	企业数字服务	2014	北京
112	便利蜂	16+	新零售	2016	北京
113	一点资讯	16	数字文娱	2013	北京
113	鲸算科技	16	人工智能	2018	杭州
113	翱捷科技	16	集成电路	2015	上海
113	晶泰科技	16	创新药与器械	2015	深圳

续表

排名	企业名称	估值（亿美元）	赛道	创立时间	所在地
113	PingCAP	16	企业数字服务	2015	北京
113	火花思维	16	互联网教育	2016	北京
119	孩子王	15.9	电子商务	2012	南京
120	思派健康	15.5	数字医疗	2014	北京
120	亿咖通	15.5	新能源与智能汽车	2017	武汉
120	智己汽车	15.5	新能源与智能汽车	2020	上海
123	普泰集团	15.4	智慧物流	2010	香港
123	惠龙易通	15.4	智慧物流	2013	镇江
123	曹操出行	15.4	智慧出行	2015	杭州
123	斑马智行	15.4	新能源与智能汽车	2015	上海
123	阿里体育	15.4	旅游体育	2015	上海
123	驹马物流	15.4	智慧物流	2015	成都
129	口袋购物	15	新零售	2011	北京
129	途家网	15	旅游体育	2011	北京
129	春雨医生	15	数字医疗	2011	北京
129	云知声	15	人工智能	2012	北京
129	小猪短租	15	旅游体育	2012	北京
129	界面	15	数字文娱	2014	上海
129	数梦工场	15	大数据	2015	杭州
129	达闼科技	15	机器人	2015	北京
129	转转	15	电子商务	2017	北京
129	智加科技	15	新能源与智能汽车	2018	苏州
129	零氪科技	15	数字医疗	2014	北京
129	合众汽车	15	新能源与智能汽车	2014	嘉兴
129	智云健康	15	数字医疗	2014	杭州
142	钱大妈	14.7	新零售	2014	广州
142	魔方公寓	14.7	数字房产	2010	上海
142	KK 集团	14.7	电子商务	2015	东莞
142	山东天岳	14.7	集成电路	2010	济南
142	德晋医疗	14.7	创新药与器械	2015	杭州
147	百望云	14.6	企业数字服务	2015	北京
148	特斯联	14.5	物联网平台	2015	北京

续表

排名	企业名称	估值（亿美元）	赛道	创立时间	所在地
148	欧冶云商	14.5	产业互联网	2015	上海
150	奕斯伟	14.3	集成电路	2019	北京
151	NOME	14	新零售	2017	广州
152	国铁吉讯	13.6	智慧出行	2017	北京
153	瀚晖制药	13.5	创新药与器械	2012	杭州
154	翼鸥教育	13.3	互联网教育	2014	北京
155	妙手医生	13.2	数字医疗	2015	北京
156	Geo 集奥聚合	13	大数据	2012	北京
156	华云数据	13	云服务	2013	无锡
156	腾云天下	13	大数据	2011	北京
156	海和药物	13	创新药与器械	2011	上海
156	Manner 咖啡	13	网红爆品	2015	上海
161	云鸟配送	12.5	智慧物流	2015	北京
162	银河航天	12.4	商业航天	2019	北京
163	星星充电	12.1	新能源与智能汽车	2014	常州
164	伟东云教育	12	互联网教育	2012	青岛
164	闪送	12	智慧物流	2013	北京
164	城家公寓	12	数字房产	2014	上海
164	聚好看	12	数字文娱	2016	青岛
164	图森未来	12	新能源与智能汽车	2016	北京
164	碳云智能	12	数字医疗	2015	珠海
164	微创心通	12	创新药与器械	2015	上海
164	快狗打车	12	智慧物流	2017	天津
172	英雄体育 VSPN	11.8	旅游体育	2016	西安
172	蜂巢能源	11.8	新能源与智能汽车	2018	常州
172	十荟团	11.8	新零售	2018	北京
175	华胜集团	11.5	汽车服务	2018	广州
176	开沃新能源	11.4	新能源与智能汽车	2010	南京
176	奈雪的茶	11.4	网红爆品	2014	深圳
178	菜鸟驿站	11.2	智慧物流	2013	杭州
179	易点天下	11	企业数字服务	2011	西安
179	彩食鲜	11	产业互联网	2011	渭南

续表

排名	企业名称	估值（亿美元）	赛道	创立时间	所在地
179	特来电	11	新能源与智能汽车	2014	青岛
179	树根互联	11	物联网平台	2016	广州
179	卡奥斯	11	物联网平台	2017	青岛
179	思特威	11	集成电路	2017	上海
179	壁仞科技	11	集成电路	2019	上海
186	酷量信息	10.9	企业数字服务	2014	上海
187	太合音乐	10.8	数字文娱	2014	北京
187	得到	10.8	数字文娱	2015	北京
189	要出发	10.6	旅游体育	2011	广州
190	花生好车	10.5	汽车服务	2015	天津
190	联易融	10.5	金融科技	2016	深圳
190	美术宝	10.5	互联网教育	2014	北京
193	诺禾致源	10.3	创新药与器械	2011	北京
194	执御	10.2	电子商务	2012	杭州
195	瑞派宠物	10.1	生活服务	2012	天津
196	江小白	10+	网红爆品	2015	重庆
196	青桔单车	10+	智慧出行	2017	杭州
198	酒仙网	10	电子商务	2010	北京
198	洋码头	10	电子商务	2010	上海
198	慧科教育	10	互联网教育	2010	北京
198	壹玖壹玖	10	电子商务	2010	成都
198	蜜芽宝贝	10	电子商务	2011	北京
198	G7	10	智慧物流	2011	北京
198	酷家乐	10	数字房产	2011	杭州
198	深兰科技	10	人工智能	2012	上海
198	我买网	10	新零售	2012	北京
198	WIFI 万能钥匙	10	生活服务	2012	上海
198	辣妈帮	10	电子商务	2012	深圳
198	青云 QingCloud	10	云服务	2012	北京
198	越海全球供应链	10	智慧物流	2012	深圳
198	找钢网	10	产业互联网	2012	上海
198	出门问问	10	人工智能	2012	北京

续表

排名	企业名称	估值（亿美元）	赛道	创立时间	所在地
198	狮桥	10	汽车服务	2012	天津
198	时空电动	10	新能源与智能汽车	2013	杭州
198	贝贝网	10	电子商务	2014	杭州
198	智米科技	10	智能硬件	2014	北京
198	艾佳生活	10	数字房产	2014	南京
198	睿智科技	10	大数据	2014	北京
198	松鼠 AI	10	互联网教育	2014	上海
198	小盒科技	10	互联网教育	2014	北京
198	微鲸科技	10	智能硬件	2015	上海
198	医联	10	数字医疗	2015	成都
198	农信互联	10	产业互联网	2015	北京
198	壹米滴答	10	智慧物流	2015	上海
198	药帮忙	10	数字医疗	2015	武汉
198	得物	10	新零售	2015	上海
198	初速度	10	新能源与智能汽车	2016	苏州
198	旅悦集团	10	旅游体育	2016	天津
198	禧云国际	10	产业互联网	2017	天津
198	Weava Co – Living	10	数字房产	2017	香港
198	连尚文学	10	数字文娱	2017	南京
198	未来医生	10	数字医疗	2018	成都
198	雪球财经	10	数字文娱	2010	北京
198	智慧芽	10	企业数字服务	2010	苏州
198	本来生活	10	新零售	2012	北京
198	极飞科技	10	无人机	2012	广州
198	金康新能源	10	新能源与智能汽车	2012	重庆
198	诺唯赞	10	创新药与器械	2012	南京
198	世和基因	10	创新药与器械	2013	南京
198	太美医疗	10	数字医疗	2013	杭州
198	微脉	10	数字医疗	2013	杭州
198	e 签宝	10	企业数字服务	2014	杭州
198	Keep	10	旅游体育	2014	北京

续表

排名	企业名称	估值（亿美元）	赛道	创立时间	所在地
198	默升科技	10	集成电路	2015	上海
198	行云集团	10	电子商务	2015	深圳
198	中航锂电科技	10	新能源与智能汽车	2015	常州
198	华控创为	10	人工智能	2017	南京
198	创新奇智	10	人工智能	2018	青岛
198	文远知行	10	新能源与智能汽车	2018	广州
198	巴图鲁	10	汽车服务	2013	广州
198	斑马快跑	10	智慧出行	2015	武汉

附录 2　任泽平独角兽榜单（2018～2020）

附表 2－1　任泽平独角兽榜单（2018）

公司名称	地点	所属行业	估值（亿美元）
蚂蚁金服	浙江	金融	750
小米科技	北京	硬件	460
滴滴出行	北京	汽车交通	500
美团点评	北京	本地生活	300
今日头条	北京	大文娱	300
陆金所	上海	金融	210
菜鸟网络	浙江	物流	200
宁德时代	福建	硬件	196
快手	北京	大文娱	150
大疆科技	广东	硬件	120
京东金融	北京	金融	100
微众银行	广东	金融	91
爱奇艺	北京	大文娱	80
链家网	北京	房产服务	65
口碑网	浙江	本地生活	60

续表

公司名称	地点	所属行业	估值（亿美元）
饿了么	上海	本地生活	60
居然之家	北京	电子商务	57
摩拜单车	北京	汽车交通	55
ofo 小黄车	北京	汽车交通	55
优必选科技	深圳	硬件	50
联影医疗	上海	医疗健康	50
威马汽车	上海	汽车交通	50
蔚来汽车	上海	汽车交通	50
WiFi 万能钥匙	上海	工具软件	50
魅族	广东	硬件	46
柔宇科技	深圳	硬件	45
美丽联合集团	浙江	电子商务	40
易商	上海	物流	36
携程艺龙集团	江苏	旅游	35
银联商务	上海	金融	32
车好多	北京	汽车交通	32
首汽约车	北京	汽车交通	31
微医集团	浙江	医疗健康	30
平安好医生	广东	医疗健康	30
大地影院	广东	文化娱乐	30
一下科技	北京	文化娱乐	30
智车优行	北京	汽车交通	30
美菜网	北京	电子商务	28
李群自动化	深圳	硬件	25
斗鱼 TV	湖北	文化娱乐	23
淘票票	浙江	本地生活	22
金山云	北京	工具软件	21.2
猫眼微影	北京	木地生活	21
土巴兔装修网	深圳	房产服务	20
拼多多	上海	电子商务	20
喜马拉雅 FM	上海	文化娱乐	20
满帮	江苏/贵州	物流	20

续表

公司名称	地点	所属行业	估值（亿美元）
旷视科技	北京	人工智能	20
商汤科技	北京	人工智能	20
中商惠民网	北京	电子商务	20
APUS	北京	人工智能	20
猪八戒网	重庆	企业服务	18
大搜车	浙江	汽车交通	18
优信二手车	北京	汽车交通	18
出门问问	北京	企业服务	18
曹操专车	浙江	汽车交通	16
找钢网	上海	电子商务	16
齐家网	上海	电子商务	16
拉卡拉	北京	金融	16
UCloud 优刻得	上海	企业服务	15. 15
界面	上海	文化娱乐	15
触宝科技	上海	工具软件	15
易果生鲜	上海	电子商务	15
团贷网	广东	金融	15
西山居	广东	游戏	15
网信理财	北京	金融	15
途家网	北京	旅游	15
VIPKID	北京	教育	15
宝宝树	北京	本地生活	15
快看漫画	北京	文化娱乐	15
口袋购物	北京	电子商务	14. 5
优客工场	北京	房产服务	13. 6
安能物流	上海	物流	13
信达生物	江苏	医疗健康	13
网易云音乐	浙江	文化娱乐	12. 12
古北水镇	北京	旅游	12. 12
贝贝网	浙江	电子商务	12
魔方公寓	上海	房产服务	12
掌门 1 对 1	上海	教育	12

续表

公司名称	地点	所属行业	估值（亿美元）
ETCP 停车	北京	汽车交通	12
中粮我买网	北京	电子商务	12
猎聘网	北京	企业服务	12
易生金服	北京	金融	12
华云数据	江苏	企业服务	11.36
富途证券	深圳	金融	10.6
一点资讯	北京	文化娱乐	10.6
得到 App	北京	文化娱乐	10.6
沪江教育	上海	教育	10.5
挖财网	浙江	金融	10
51 信用卡	浙江	金融	10
同盾科技	浙江	企业服务	10
数梦工场	浙江	企业服务	10
房多多	深圳	房产服务	10
碳云智能	深圳	医疗健康	10
辣妈帮	深圳	电子商务	10
越海物流	深圳	物流	10
VIPABC	上海	教育	10
小红书	上海	电子商务	10
英语流利说	上海	教育	10
蜻蜓 FM	上海	文化娱乐	10
明码科技	上海	硬件	10
Hellobike	上海	汽车交通	10
返利网	上海	电子商务	10
卷皮网	湖北	电子商务	10
随手记	广东	金融	10
巴图鲁汽配铺	广东	汽车交通	10
小鹏汽车	广东	汽车交通	10
米未传媒	北京	文化娱乐	10
Ninebo 纳恩博	北京	硬件	10
知乎	北京	文化娱乐	10
小猪短租网	北京	房产服务	10

续表

公司名称	地点	所属行业	估值（亿美元）
马蜂网	北京	旅游	10
猿辅导	北京	教育	10
锤子科技	北京	硬件	10
转转	北京	电子商务	10
寒武纪科技	北京	人工智能	10
玖富	北京	金融	10
蜜芽宝贝	北京	电子商务	10
云知声	北京	人工智能	10
云鸟配送	北京	物流	10
青云	北京	人工智能	10
学霸君	北京	教育	10
好大夫在线	北京	医疗健康	10
每日优鲜	北京	电子商务	10
作业帮	北京	教育	10
车如家	北京	汽车交通	10

资料来源：恒大研究院，结合胡润、IT桔子、CB Insights、科技部火炬中心、PitchBook发布的榜单综合整理。

附表2-2　任泽平独角兽榜单（2019）

公司名称	城市	省份	创建时间	所属行业	估值（亿美元）
蚂蚁金服	杭州	浙江	2014年10月	金融科技	1500
今日头条	北京	北京	2012年7月	文娱媒体	750
滴滴出行	北京	北京	2012年7月	汽车交通	450
陆金所	上海	上海	2011年9月	金融科技	380
饿了么+口碑	上海	上海	2009年4月	本地生活	300
京东数科	北京	北京	2013年7月	金融科技	205
菜鸟网络	杭州	浙江	2013年5月	物流	200
快手	北京	北京	2011年3月	文娱媒体	150
京东物流	北京	北京	2017年4月	物流	134
微众银行	深圳	深圳	2014年10月	金融科技	110
车好多	北京	北京	2012年9月	汽车交通	66

续表

公司名称	城市	省份	创建时间	所属行业	估值（亿美元）
微医集团	杭州	浙江	2010 年 3 月	医疗健康	55
威马汽车	上海	上海	2012 年 5 月	汽车交通	50
优必选科技	深圳	深圳	2012 年 3 月	硬件	50
WiFi 万能钥匙	上海	上海	2012 年 1 月	工具软件	50
联影医疗	上海	上海	2011 年 3 月	医疗健康	50
比特大陆	北京	北京	2013 年 10 月	区块链	50
柔宇科技	深圳	深圳	2012 年 3 月	硬件	48
商汤科技	北京	北京	2014 年 8 月	人工智能	40
小鹏汽车	广州	广东	2015 年 1 月	汽车交通	37
大搜车	杭州	浙江	2012 年 11 月	汽车交通	35
游侠汽车	上海	上海	2014 年 3 月	汽车交通	33. 5
易商红木	上海	上海	2011 年 7 月	物流	32. 5
喜马拉雅 FM	上海	上海	2012 年 8 月	文娱媒体	32
VIPKID	北京	北京	2013 年 10 月	教育	30
拜腾汽车	南京	江苏	2016 年 3 月	汽车交通	30
优客工场	北京	北京	2015 年 4 月	房产服务	30
奇点汽车	北京	北京	2014 年 12 月	汽车交通	30
智车优行	北京	北京	2014 年 10 月	汽车交通	30
小红书	上海	上海	2013 年 8 月	电子商务	30
猿辅导	北京	北京	2012 年 3 月	教育	30
旷视科技	北京	北京	2011 年 10 月	人工智能	30
一下科技	北京	北京	2011 年 8 月	文娱媒体	30
自如网	北京	北京	2011 年 6 月	房产服务	30
猫眼微影	北京	北京	2017 年 9 月	文娱媒体	30
度小满金融	北京	北京	2016 年 4 月	金融科技	29
云从科技	重庆	重庆	2015 年 3 月	人工智能	28
美菜网	北京	北京	2014 年 5 月	电子商务	28
复宏汉霖	上海	上海	2010 年 2 月	医疗健康	28
寒武纪科技	北京	北京	2016 年 3 月	人工智能	27
斗鱼 TV	武汉	湖北	2014 年 1 月	文娱媒体	25
知乎	北京	北京	2011 年 1 月	文娱媒体	25
哈啰出行	杭州	浙江	2016 年 3 月	汽车交通	23

续表

公司名称	城市	省份	创建时间	所属行业	估值（亿美元）
金山云	北京	北京	2012 年 2 月	企业服务	23
淘票票	杭州	浙江	2014 年 12 月	文娱媒体	22
依图科技	上海	上海	2012 年 9 月	人工智能	22
满帮	南京	江苏	2017 年 11 月	物流	20
苏宁体育	南京	江苏	2016 年 5 月	文娱媒体	20
车和家	北京	北京	2015 年 4 月	汽车交通	20
中商惠民网	北京	北京	2013 年 10 月	电子商务	20
李群自动化	东莞	广东	2011 年 3 月	硬件	20
电咖汽车	北京	北京	2015 年 6 月	汽车交通	18. 5
爱驰汽车	上海	上海	2016 年 10 月	汽车交通	16
曹操专车	杭州	浙江	2015 年 5 月	汽车交通	16
APUS	北京	北京	2014 年 6 月	工具软件	16
找钢网	上海	上海	2011 年 3 月	电子商务	16
快看漫画	北京	北京	2014 年 12 月	文娱媒体	15
每日优鲜	北京	北京	2014 年 10 月	本地生活	15
界面	上海	上海	2014 年 9 月	文娱媒体	15
网信理财	北京	北京	2014 年 6 月	金融科技	15
新氧	北京	北京	2013 年 8 月	医疗健康	15
UCloud 优刻得	上海	上海	2012 年 3 月	企业服务	15
途家网	北京	北京	2011 年 12 月	文娱媒体	15
爱回收	上海	上海	2011 年 4 月	电子商务	15
地平线机器人	北京	北京	2015 年 6 月	硬件	14. 54
汇桔网	广州	广东	2013 年 7 月	工具软件	14. 54
便利蜂	北京	北京	2016 年 12 月	本地生活	14
正奇金融	合肥	安徽	2012 年 10 月	金融科技	14
途虎养车	上海	上海	2011 年 1 月	汽车交通	14
氪空间	北京	北京	2014 年 4 月	房产服务	13
一点资讯	北京	北京	2013 年 8 月	文娱媒体	13
小猪短租网	北京	北京	2012 年 8 月	房产服务	13
口袋购物	北京	北京	2011 年 9 月	电子商务	13
安能物流	上海	上海	2010 年 8 月	物流	13
明码科技	上海	上海	2015 年 6 月	医疗健康	12. 6

续表

公司名称	城市	省份	创建时间	所属行业	估值（亿美元）
网易云音乐	杭州	浙江	2013 年 4 月	文娱媒体	12. 5
古北水镇	北京	北京	2011 年 11 月	文娱媒体	12. 12
易生金服	北京	北京	2015 年 11 月	金融科技	12
掌门 1 对 1	上海	上海	2014 年 11 月	教育	12
贝贝网	杭州	浙江	2014 年 5 月	电子商务	12
云知声	北京	北京	2012 年 6 月	人工智能	12
ETCP 停车	北京	北京	2012 年 1 月	汽车交通	12
富途证券	深圳	深圳	2012 年 1 月	金融科技	12
诺禾致源	北京	北京	2011 年 3 月	医疗健康	12
魔方公寓	上海	上海	2010 年 1 月	房产服务	12
中粮我买网	北京	北京	2009 年 8 月	电子商务	12
安鲜达物流	上海	上海	2015 年 3 月	物流	11. 5
华云数据	无锡	江苏	2013 年 1 月	企业服务	11. 36
天境生物	上海	上海	2016 年 8 月	医疗健康	11
首汽约车	北京	北京	2015 年 9 月	汽车交通	11
易久批	北京	北京	2014 年 9 月	电子商务	11
人人车	北京	北京	2014 年 7 月	汽车交通	11
涂鸦智能	杭州	浙江	2014 年 6 月	工具软件	11
轻轻家教	上海	上海	2014 年 1 月	教育	11
奥比中光	深圳	深圳	2013 年 1 月	硬件	11
出门问问	北京	北京	2012 年 10 月	工具软件	11
春雨医生	北京	北京	2011 年 7 月	医疗健康	11
得到 APP	北京	北京	2014 年 6 月	文娱媒体	10. 6
老虎证券	北京	北京	2014 年 6 月	金融科技	10. 6
瑞幸咖啡	北京	北京	2017 年 10 月	本地生活	10
禧云国际	北京	北京	2017 年 7 月	本地生活	10
小马智行	北京	北京	2016 年 12 月	人工智能	10
Momenta	北京	北京	2016 年 7 月	汽车交通	10
联易融	深圳	深圳	2016 年 2 月	金融科技	10
斑马智行	上海	上海	2015 年 11 月	汽车交通	10

续表

公司名称	城市	省份	创建时间	所属行业	估值（亿美元）
碳云智能	深圳	深圳	2015 年 10 月	医疗健康	10
米未传媒	北京	北京	2015 年 8 月	文娱媒体	10
斑马快跑	武汉	湖北	2015 年 4 月	汽车交通	10
数梦工场	杭州	浙江	2015 年 3 月	企业服务	10
艾佳生活	南京	江苏	2014 年 12 月	房产服务	10
零氪科技	北京	北京	2014 年 12 月	企业服务	10
禾连健康	杭州	浙江	2014 年 12 月	医疗健康	10
云鸟配送	北京	北京	2014 年 9 月	物流	10
太合音乐	北京	北京	2014 年 8 月	文娱媒体	10
达达	上海	上海	2014 年 6 月	物流	10
医联	成都	四川	2014 年 6 月	医疗健康	10
客路旅行	香港	香港	2014 年 5 月	文娱媒体	10
DotC United	北京	北京	2014 年 3 月	工具软件	10
作业帮	北京	北京	2014 年 1 月	教育	10
同盾科技	杭州	浙江	2013 年 10 月	企业服务	10
转转	北京	北京	2013 年 10 月	电子商务	10
脉脉	北京	北京	2013 年 10 月	文娱媒体	10
巴图鲁汽配铺	广州	广东	2013 年 9 月	汽车交通	10
时空电动	杭州	浙江	2013 年 9 月	汽车交通	10
Ninebo 纳恩博	北京	北京	2013 年 6 月	硬件	10
学霸君	北京	北京	2013 年 6 月	教育	10
英语流利说	上海	上海	2013 年 5 月	教育	10
Jollychic	杭州	浙江	2012 年 12 月	电子商务	10
青云	北京	北京	2012 年 4 月	企业服务	10
辣妈帮	深圳	深圳	2012 年 1 月	电子商务	10
蜜芽宝贝	北京	北京	2011 年 10 月	电子商务	10
房多多	深圳	深圳	2011 年 1 月	房产服务	10
卷皮网	武汉	湖北	2010 年 8 月	电子商务	10
慧科教育	北京	北京	2010 年 8 月	教育	10
随手记	深圳	深圳	2010 年 2 月	金融科技	10

续表

公司名称	城市	省份	创建时间	所属行业	估值（亿美元）
挖财网	杭州	浙江	2009 年 11 月	金融科技	10
好享家	南京	江苏	2009 年 11 月	工具软件	10
大疆科技	深圳	深圳	2006 年 11 月	硬件	150
链家网	北京	北京	2001 年 9 月	房产服务	65
居然之家	北京	北京	1999 年 2 月	电子商务	57
魅族	珠海	广东	2003 年 1 月	硬件	15
银联商务	上海	上海	2002 年 1 月	金融科技	32
大地影院	广州	广东	2006 年 1 月	文娱媒体	30
跨越速运	深圳	深圳	2007 年 8 月	物流	29
灿星	上海	上海	2006 年 3 月	文娱媒体	25
土巴兔装修网	深圳	深圳	2008 年 11 月	房产服务	20
猪八戒网	重庆	重庆	2005 年 12 月	企业服务	18
杰华生物	青岛	山东	2008 年 3 月	医疗健康	16
拉卡拉	北京	北京	2005 年 10 月	金融科技	16
玖富	北京	北京	2006 年 8 月	金融科技	15
易果生鲜	上海	上海	2005 年 10 月	本地生活	15
西山居	珠海	广东	1995 年 5 月	文娱媒体	15
网易有道	北京	北京	2006 年 3 月	教育	11
沪江教育	上海	上海	2001 年 1 月	教育	11
VIPABC	上海	上海	2008 年 8 月	教育	10
汇通达	南京	江苏	2008 年 1 月	电子商务	10
马蜂窝	北京	北京	2007 年 11 月	文娱媒体	10
返利网	上海	上海	2006 年 11 月	电子商务	10
好大夫在线	北京	北京	2006 年 10 月	医疗健康	10
越海物流	深圳	深圳	2002 年 8 月	物流	10
蜻蜓 FM	上海	上海	2002 年 2 月	文娱媒体	10

注：金融科技包括传统金融、互联网金融、互联网银行等；医疗健康包括互联网医疗、生物制药、医美等；汽车交通包括汽车制造、互联网销售、共享出行等；文娱媒体包括文化、娱乐、游戏、体育、媒体等；企业服务包括大数据、云计算等；本地生活包括外卖平台、生鲜、新零售等；硬件包括机器人、摄像头、无人机等。

资料来源：恒大研究院，结合胡润、CB Insights、科技部火炬中心、PitchBook 发布的榜单综合整理。

附表 2-3　任泽平独角兽榜单（2020）

公司名称	城市	省份	创建时间	所属行业	估值（亿美元）
蚂蚁金服	杭州	浙江	2014 年 10 月	金融科技	1500
字节跳动	北京	北京	2012 年 7 月	文娱媒体	750
滴滴出行	北京	北京	2012 年 7 月	汽车交通	516
陆金所	上海	上海	2011 年 9 月	金融科技	380
菜鸟网络	杭州	浙江	2013 年 5 月	物流	298
快手	北京	北京	2011 年 3 月	文娱媒体	286
京东数科	北京	北京	2013 年 7 月	金融科技	205
微众银行	深圳	深圳	2014 年 10 月	金融科技	161
比特大陆	北京	北京	2013 年 10 月	区块链	148
京东物流	北京	北京	2017 年 4 月	物流	134
贝壳找房	北京	北京	2017 年 11 月	房产服务	100
车好多	北京	北京	2012 年 9 月	汽车交通	90
美莱网	北京	北京	2014 年 5 月	电子商务	70
威马汽车	上海	上海	2012 年 5 月	汽车交通	60
商汤科技	北京	北京	2014 年 8 月	人工智能	60
微医集团	杭州	浙江	2010 年 3 月	医疗健康	55
优必选科技	深圳	深圳	2012 年 3 月	硬件	55
联影医疗	上海	上海	2011 年 3 月	医疗健康	50
WiFi 万能钥匙	上海	上海	2012 年 1 月	工具软件	50
柔宇科技	深圳	深圳	2012 年 3 月	硬件	48
VIPKID	北京	北京	2013 年 10 月	教育	45
自如网	北京	北京	2011 年 6 月	房产服务	40
旷视科技	北京	北京	2011 年 10 月	人工智能	40
网易云音乐	杭州	浙江	2013 年 4 月	文娱媒体	40
小鹏汽车	广州	广东	2015 年 1 月	汽车交通	40
云从科技	重庆	重庆	2015 年 3 月	人工智能	38
度小满金融	北京	北京	2016 年 4 月	金融科技	36
大搜车	杭州	浙江	2012 年 11 月	汽车交通	35
拜腾汽车	南京	江苏	2016 年 3 月	汽车交通	35
喜马拉雅 FM	上海	上海	2012 年 8 月	文娱媒体	34
游侠汽车	上海	上海	2014 年 3 月	汽车交通	33.5
优客工场	北京	北京	2015 年 4 月	房产服务	31
一下科技	北京	北京	2011 年 8 月	文娱媒体	30
猿辅导	北京	北京	2012 年 3 月	教育	30

续表

公司名称	城市	省份	创建时间	所属行业	估值（亿美元）
小红书	上海	上海	2013 年 8 月	电子商务	30
哈啰出行	杭州	浙江	2016 年 3 月	汽车交通	30
猫眼微影	北京	北京	2017 年 9 月	文娱媒体	30
地平线机器人	北京	北京	2015 年 6 月	人工智能	30
复宏汉霖	上海	上海	2010 年 2 月	医疗健康	28
知乎	北京	北京	2011 年 1 月	文娱媒体	27
寒武纪科技	北京	北京	2016 年 3 月	人工智能	27
理想汽车	北京	北京	2015 年 4 月	汽车交通	25. 3
依图科技	上海	上海	2012 年 9 月	人工智能	25
金山云	北京	北京	2012 年 2 月	企业服务	23. 5
中商惠民网	北京	北京	2013 年 10 月	电子商务	23
淘票票	杭州	浙江	2014 年 12 月	文娱媒体	22
李群自动化	东莞	广东	2011 年 3 月	硬件	20
爱回收	上海	上海	2011 年 4 月	电子商务	20
奇点汽车	北京	北京	2014 年 12 月	汽车交通	20
千寻位置	上海	上海	2015 年 8 月	工具软件	20
苏宁体育	南京	江苏	2016 年 5 月	文娱媒体	20
满帮	南京	江苏	2017 年 11 月	物流	20
小马智行	北京	北京	2016 年 12 月	人工智能	20
电咖汽车	北京	北京	2015 年 6 月	汽车交通	18. 5
爱驰汽车	上海	上海	2016 年 10 月	汽车交通	18
快看漫画	北京	北京	2014 年 12 月	文娱媒体	16. 25
找钢网	上海	上海	2011 年 3 月	电子商务	16
APUS	北京	北京	2014 年 6 月	工具软件	16
曹操专车	杭州	浙江	2015 年 5 月	汽车交通	16
掌门 1 对 1	上海	上海	2014 年 11 月	教育	15. 5
途家网	北匠	北京	2011 年 12 月	文娱媒体	15
ETCP 停车	北京	北京	2012 年 1 月	汽车交通	15
UCloud 优刻得	上海	上海	2012 年 3 月	企业服务	15
哒哒英语	上海	上海	2013 年 4 月	教育	15
康众汽车配件	南京	江苏	2013 年 9 月	汽车交通	15
氪空间	北京	北京	2014 年 4 月	房产服务	15
涂鸦智能	杭州	浙江	2014 年 6 月	工具软件	15
达达	上海	上海	2014 年 6 月	物流	15

续表

公司名称	城市	省份	创建时间	所属行业	估值（亿美元）
每日优鲜	北京	北京	2014 年 10 月	本地生活	15
天际汽车	杭州	浙江	2015 年 5 月	汽车交通	15
斑马智行	上海	上海	2015 年 11 月	汽车交通	15
谊品生鲜	合肥	安徽	2017 年 12 月	本地生活	15
秦淮数据	北京	北京	2017 年 12 月	企业服务	15
汇桔网	广州	广东	2013 年 7 月	工具软件	14.54
途虎养车	上海	上海	2011 年 1 月	汽车交通	14
一点资讯	北京	北京	2013 年 8 月	文娱媒体	14
魔方公寓	上海	上海	2010 年 1 月	房产服务	13.5
作业帮	北京	北京	2014 年 1 月	教育	13.5
便利蜂	北京	北京	2016 年 12 月	本地生活	13
安能物流	上海	上海	2010 年 8 月	物流	13
口袋购物	北京	北京	2011 年 9 月	电子商务	13
小猪短租网	北京	北京	2012 年 8 月	房产服务	13
同盾科技	杭州	浙江	2013 年 10 月	企业服务	13
转转	北京	北京	2013 年 10 月	电子商务	13
货拉拉	广州	广东	2014 年 10 月	物流	13
明码科技	上海	上海	2015 年 6 月	医疗健康	12.6
客路旅行	香港	香港	2014 年 5 月	文娱媒体	12.25
古北水镇	北京	北京	2011 年 11 月	文娱媒体	12
云知声	北京	北京	2012 年 6 月	人工智能	12
明略数据	北京	北京	2014 年 4 月	企业服务	12
贝贝网	杭州	浙江	2014 年 5 月	电子商务	12
华云数据	无锡	江苏	2013 年 1 月	企业服务	11.36
春雨医生	北京	北京	2011 年 7 月	医疗健康	11
出门问问	北京	北京	2012 年 10 月	工具软件	11
奥比中光	深圳	深圳	2013 年 1 月	硬件	11
巴图鲁汽配铺	广州	广东	2013 年 9 月	汽车交通	11
轻轻家教	上海	上海	2014 年 1 月	教育	11
人人车	北京	北京	2014 年 7 月	汽车交通	11
易久批	北京	北京	2014 年 9 月	电子商务	11
数梦工场	杭州	浙江	2015 年 3 月	企业服务	11
首汽约车	北京	北京	2015 年 9 月	汽车交通	11
Jollychic	杭州	浙江	2012 年 12 月	电子商务	11

续表

公司名称	城市	省份	创建时间	所属行业	估值（亿美元）
壹米滴答	上海	上海	2015 年 6 月	物流	11
得到 App	北京	北京	2014 年 6 月	文娱媒体	10.6
安鲜达物流	上海	上海	2015 年 3 月	物流	10
天境生物	上海	上海	2016 年 8 月	医疗健康	10
卷皮网	武汉	湖北	2010 年 8 月	电子商务	10
慧科教育	北京	北京	2010 年 8 月	教育	10
诺禾致源	北京	北京	2011 年 3 月	医疗健康	10
蜜芽宝贝	北京	北京	2011 年 10 月	电子商务	10
辣妈帮	深圳	深圳	2012 年 1 月	电子商务	10
婚礼纪	杭州	浙江	2013 年 3 月	本地生活	10
Ninebo 纳恩博	北京	北京	2013 年 6 月	硬件	10
学霸君	北京	北京	2013 年 6 月	教育	10
时空电动	杭州	浙江	2013 年 9 月	汽车交通	10
脉脉	北京	北京	2013 年 10 月	文娱媒体	10
百布	广州	广东	2013 年 12 月	电子商务	10
DotC United	北京	北京	2014 年 3 月	工具软件	10
医联	成都	四川	2014 年 6 月	医疗健康	10
大合音乐	北京	北京	2014 年 8 月	文娱媒体	10
云鸟配送	北京	北京	2014 年 9 月	物流	10
城家公寓	上海	上海	2014 年 10 月	房产服务	10
艾佳生活	南京	江苏	2014 年 12 月	房产服务	10
零氪科技	北京	北京	2014 年 12 月	企业服务	10
禾连健康	杭州	浙江	2014 年 12 月	医疗健康	10
斑马快跑	武汉	湖北	2015 年 4 月	汽车交通	10
碳云智能	深圳	深圳	2015 年 10 月	医疗健康	10
联易融	深圳	深圳	2016 年 2 月	金融科技	10
Momenta	北京	北京	2016 年 7 月	人工智能	10
禧云国际	北京	北京	2017 年 7 月	本地生活	10
逸仙电商	广州	广东	2015 年 7 月	电子商务	10
零跑汽车	金华	浙江	2015 年 12 月	汽车交通	10
作业盒子	北京	北京	2014 年 7 月	教育	10
得物 APP	上海	上海	2015 年 7 月	电子商务	10
KK 集团	东莞	广东	2015 年 4 月	电子商务	10
妙手医生	北京	北京	2015 年 3 月	医疗健康	10

续表

公司名称	城市	省份	创建时间	所属行业	估值（亿美元）
酷家乐	杭州	浙江	2011 年 11 月	房产服务	10
大疆科技	深圳	深圳	2006 年 11 月	硬件	150
饿了么 + 口碑	上海	上海	2009 年 4 月	本地生活	300
魅族	珠海	广东	2003 年 1 月	硬件	58
银联商务	上海	上海	2002 年 1 月	金融科技	32
跨越速运	深圳	深圳	2007 年 8 月	物流	30
汇通达	南京	江苏	2008 年 1 月	电子商务	30
杰华生物	青岛	山东	2008 年 3 月	医疗健康	26
灿星	上海	上海	2006 年 3 月	文娱媒体	25
土巴兔装修队	深圳	深圳	2008 年 11 月	房产服务	20
VIPABC	北京	北京	2008 年 8 月	教育	20
猪八戒网	重庆	重庆	2005 年 12 月	企业服务	18
易果生鲜	上海	上海	2005 年 10 月	本地生活	15
西山居	珠海	广东	1995 年 5 月	文娱媒体	15
百果园	深圳	深圳	2001 年 12 月	本地生活	15
中粮我买网	北京	北京	2009 年 8 月	电子商务	12
挖财网	杭州	浙江	2009 年 11 月	金融科技	11.4
沪江教育	上海	上海	2001 年 1 月	教育	11
马蜂窝	北京	北京	2007 年 11 月	文娱媒体	10
返利网	上海	上海	2006 年 11 月	电子商务	10
好大夫在线	北京	北京	2006 年 10 月	医疗健康	10
越海物流	深圳	深圳	2002 年 8 月	物流	10
蜻蜓 FM	上海	上海	2002 年 2 月	文娱媒体	10
丁香园	杭州	浙江	2005 年 11 月	医疗健康	10
芙蓉兴盛	益阳	湖南	2009 年 5 月	本地生活	10
好享家	南京	江苏	2009 年 11 月	工具软件	10

注：金融科技包括传统金融、互联网金融、互联网银行等；医疗健康包括互联网医疗、生物制药、医美等；汽车交通包括汽车制造、互联网销售、共享出行等；文娱媒体包括文化、娱乐、游戏、体育、媒体等；企业服务包括大数据、云计算等；本地生活包括外卖平台、生鲜、新零售等；硬件包括机器人、摄像头、无人机等。

资料来源：恒大研究院，结合 CB Insights、桔子 IT、PitchBook 发布的榜单综合整理。

附录3 胡润独角兽榜单（2017～2019）

附表3－1 胡润独角兽榜单（2017）

排名	企业名称	企业英文名称	估值范围（亿元）	掌门人	总部	行业	部分投资机构
1	蚂蚁金服	Ant Financial	4000	彭蕾	杭州	互联网金融	春华资本、中投海外、建信信托
2	滴滴出行	Didi Chuxing	3000	程维	北京	汽车交通	腾讯、阿里巴巴、软银中国
3	小米	Xiaomi	2000	雷军	北京	硬件	IDG、启明创投、晨兴资本
3	新美大	China Internet Plus	2000	王兴	北京	互联网服务	腾讯、DST、今日资本
5	今日头条	Toutiao	1000	张一鸣	北京	文化娱乐	红杉资本、海纳亚洲、建银资本
5	宁德时代	CATL	1000	曾毓群	宁德	汽车交通	国投创新、渤海华美、君联资本
5	陆金所	Lufax	1000	计葵生	上海	互联网金融	摩根士丹利、中银集团、国泰君安（香港）
8	大疆	DJI	800	汪滔	深圳	机器人	Accel、红杉资本、麦星投资
9	口碑	Koubei	500	范驰	杭州	互联网服务	阿里巴巴、银湖资本
9	菜鸟网络	Cainiao	500	童文红	深圳	物流服务	GIC、淡马锡、春华资本
9	京东金融	JD Finance	500	陈生强	北京	互联网金融	红杉资本、嘉实投资、中国太平
9	饿了么	Ele. me	500	张旭豪	上海	互联网服务	金沙江创投、经纬中国、红杉资本
13	神州优车	UCAR	400	陆正耀	天津	汽车交通	云锋投资、云岭投资、中金公司
13	链家	Homelink	400	彭永东	北京	房产服务	融创、万科、腾讯
13	微众银行	WeBank	400	顾敏	深圳	互联网金融	淳永投资、横岗投资、光汇石油
16	威马汽车	WM Motor	300	沈晖	上海	汽车交通	远景能源

续表

排名	企业名称	企业英文名称	估值范围（亿元）	掌门人	总部	行业	部分投资机构
16	爱奇艺	iQIYI	300	龚宇	北京	文化娱乐	百度、小米、顺为资本
16	联影医疗	United Imaging	300	薛敏	上海	医疗健康	中国人寿、国投创新、中金智德
16	蔚来汽车	NextEV	300	李斌	上海	汽车交通	高瓴资本、腾讯、京东
16	魅族	Meizu	300	黄章	珠海	硬件	天音控股、阿里巴巴、海通开元
16	优必选	Ubtech	300	周剑	深圳	机器人	启明创投、科大讯飞、鼎晖投资
22	快手	Kuaishou	200	宿华	北京	文化娱乐	红杉资本、晨兴资本、百度
22	车好多集团	Guazi	200	杨浩涌	北京	电子商务	红杉资本、H Capital、微光创投
22	复宏汉霖	Henlius	200	刘世高	上海	医疗健康	华盖资本
22	智车优行	Zhiche Auto	200	沈海寅	北京	汽车交通	铜陵市政府投资基金
22	平安好医生	Ping An Health	200	王涛	上海	医疗健康	IDG、中建投资本
22	大地影院	Dadi Digital Cinema	200	刘荣	深圳	文化娱乐	阿里巴巴
22	同程旅游	Tongcheng	200	吴志祥	苏州	互联网服务	万达、腾讯、中信资本
22	酒仙网	JiuXian	200	郝鸿峰	北京	电子商务	粤强集团、红杉资本、东方富海
22	ofo	ofo	200	戴威	北京	汽车交通	元璟资本、经纬中国、滴滴出行
22	柔宇科技	Royole	200	刘自鸿	深圳	硬件	中信产业基金、基石资本、IDG
22	乐信集团	Lexin	200	肖文杰	深圳	互联网金融	华晟资本、共建创投、京东集团
22	银联商务	China UMS	200	田林	上海	互联网金融	雅戈尔、光际资本、云熠投资
22	Face + +	Face + +	200	印奇	北京	人工智能	启明创投、联想之星、建银国际
35	APUS	APUS	100	李涛	北京	软件	SIG、成为资本、启明创投

续表

排名	企业名称	企业英文名称	估值范围（亿元）	掌门人	总部	行业	部分投资机构
35	喜马拉雅	Himalaya	100	余建军	上海	文化娱乐	SIG、Sierra Ventures、前海兴旺
35	淘票票	Taobao Dianying	100	俞永福	杭州	互联网服务	阿里巴巴、鼎晖投资、新浪网
35	微医	We Doctor	100	廖杰远	杭州	医疗健康	天业股份、高瓴资本、高盛资本
35	猫眼微影	Maoyan	100	王长田	北京	互联网服务	光线传媒、美团、腾讯
35	孩子王	Kidswant	100	汪建国	南京	电子商务	华平投资、景林投资、高瓴资本
35	芒果 TV	Mgtv	100	张勇	长沙	文化娱乐	联新资本、上海国和、厦门建发
35	一下科技	Yixia	100	韩坤	北京	软件	新浪、红点创投、凯鹏华盈
35	美丽联合	Meili	100	陈琪	杭州	电子商务	腾讯、纪源资本、平安创新投资基金
35	惠民网	Huimin	100	张一春	北京	电子商务	中创资本、西部优势资本、中合担保
35	优信	Xin	100	戴琨	北京	电子商务	君联资本、DCM、贝塔斯曼
35	摩拜单车	Mobike	100	胡玮炜	北京	汽车交通	高瓴资本、华平投资、腾讯
35	土巴兔	Tubatu	100	王国彬	深圳	互联网服务	红杉资本、经纬中国、58同城
35	美菜网	Meicai	100	刘传军	北京	电子商务	顺为资本、蓝湖资本、真格基金
35	运满满 & 货车帮	Ymm & Huochebang	100	王刚	南京、贵阳	物流服务	钟鼎创投、腾讯、高瓴资本
35	Pingpong	Pingpong	100	陈宇	杭州	互联网金融	广发信德、清华控股、Fidelity
35	英雄互娱	Hero Entertainment	100	应书岭	北京	游戏	华谊兄弟、红杉资本、真格基金
35	信达生物	Innovent Bio	100	俞德超	苏州	医疗健康	国投创新、君联资本、淡马锡

续表

排名	企业名称	企业英文名称	估值范围（亿元）	掌门人	总部	行业	部分投资机构
35	猪八戒网	Zbj	100	朱明跃	重庆	互联网服务	赛伯乐
35	拉卡拉	Lakala	100	孙陶然	北京	互联网金融	君联资本、富鑫国际、晨兴资本
35	齐家网	Jia	100	邓华金	上海	电子商务	鼎晖投资、百度、中新创投
35	找钢网	Zhaogang	100	王东	上海	电子商务	IDG、经纬中国、红杉资本
35	途家网	Tujia	100	罗军	北京	互联网服务	携程、纪源资本、鼎晖投资
35	商汤科技	Sensetime	100	徐立	北京	人工智能	鼎晖、赛领资本、中金公司
35	优客工场	URwork	100	毛大庆	北京	互联网服务	中投汉富、真格基金、红杉资本
35	VIPKID	VIPKID	100	米雯娟	北京	互联网服务	云锋基金、红杉资本、真格基金
35	易果生鲜	Yiguo	100	金光磊	上海	电子商务	阿里巴巴、晟道资本、高盛集团
35	斗鱼	Douyu	100	张文明	武汉	文化娱乐	红杉资本、腾讯、南山资本
35	界面	Jiemian	100	何力	上海	文化娱乐	昆仑信托
35	微鲸	Whaley	100	黎瑞刚	上海	硬件	腾讯、华人文化产业基金
35	蜜芽	Mia	100	刘楠	北京	电子商务	百度、红杉资本、真格基金
35	宝宝树	Babytree	100	王怀南	北京	互联网服务	千合资本、经纬中国、晨山资本
35	团贷网	TDW	100	唐军	东莞	互联网金融	民生资本、盈生创新、黄山海慧
35	草根投资	CGTZ	100	金忠榜	杭州	互联网金融	顺为资本、华闻传媒、汇垠澳丰
35	微店	Weidian	100	王珂	北京	电子商务	H Capital、老虎基金、Vy Capital
70	安能物流	Ane	70	秦兴华	上海	物流服务	红杉资本、凯雷投资、高盛
70	悦畅科技	ETCP	70	谭龙	北京	汽车交通	万达、经纬中国、SIG
70	微贷网	Weidai	70	姚宏	杭州	互联网金融	中信建投、汉鼎股份、盛大资本
70	罗计物流	Loji	70	宋睿	北京	物流服务	IDG、真格基金

续表

排名	企业名称	企业英文名称	估值范围（亿元）	掌门人	总部	行业	部分投资机构
70	爱屋吉屋	Iwjw	70	黎勇劲	上海	房产服务	淡马锡、高瓴资本、晨兴资本
70	易生金服	Easy Life	70	刘江涛	北京	互联网金融	海航旅游、H Capital
70	达达—京东到家	New Dada	70	蒯佳祺	上海	物流服务	红杉资本、DST、京东
70	纳恩博	Ninebot	70	高禄峰	天津	硬件	海泉基金、小米、顺为资本
70	网易云音乐	NetEase Music	70	朱一闻	杭州	文化娱乐	上海广播电视台、SMG、芒果文创
70	金山云	Ksyun	70	张宏江	北京	大数据与云计算	IDG、金山软件、CM 投资者
70	沪江	Hujiang	70	伏彩瑞	上海	互联网服务	汉能投资、皖新传媒、马赛基金
70	WiFi 万能钥匙	WiFi Master key	70	陈大年	上海	软件	海通开元、北极光创投
70	春雨医生	Chunyuyisheng	70	张锐	北京	医疗健康	蓝驰创投、贝塔斯曼、中金公司
70	我买网	Womai	70	赵平原	北京	电子商务	泰康人寿、百度、云龙资本
70	贝贝网	Beibei	70	张良伦	杭州	电子商务	IDG、新天域资本、今日资本
70	魔方公寓	Mofang	70	葛岚	上海	房产服务	中航信托、华平投资、德同资本
70	人人贷	Renrendai	70	杨一夫	北京	互联网金融	挚信资本、东方弘道、弘合基金
70	58 到家	Daojia	70	姚劲波	北京	互联网服务	阿里巴巴、KKR、平安创投
70	拼多多	Pinduoduo	70	黄峥	上海	电子商务	高榕资本、新天域、腾讯
70	云知声	Unisound	70	梁家恩	北京	大数据与云计算	启明创投、高通
70	返利网	Fanli	70	葛永昌	上海	电子商务	SIG、启明创投、乐天
70	房多多	FangDD	70	段毅	深圳	房产服务	嘉御基金、光速安振、鼎晖创投
70	iTutorGroup	iTutorGroup	70	杨正大	北京	互联网服务	启明创投、GIC、CA 创投

续表

排名	企业名称	企业英文名称	估值范围（亿元）	掌门人	总部	行业	部分投资机构
70	小红书	Xiaohongshu	70	毛文超	上海	电子商务	腾讯、Genesis、真格基金
70	51信用卡	U51	70	孙海涛	杭州	互联网金融	SIG、天图资本、嘉实投资
70	知乎	Zhihu	70	周源	北京	互联网服务	今日资本、启明创投、腾讯
70	依图科技	YITU	70	朱珑	上海	人工智能	云锋基金、红杉资本、高榕资本
70	腾云天下	TalkingData	70	崔晓波	北京	大数据与云计算	软银中国、麦顿投资、北极光创投
70	数梦工厂	Dtdream	70	吴敬传	杭州	大数据与云计算	阿里巴巴、银杏谷资本、光大实业资本
70	洋码头	yMatou	70	曾碧波	上海	电子商务	远镜创投、赛富基金、上海国际
70	诺禾致源	Novogene	70	李瑞强	北京	医疗健康	招银国际、国投创新、方和资本
70	碳云智能	Icarbonx	70	王俊	广州	医疗健康	中源协、天府集团、鑫根资本
70	要出发	Yaochufa	70	丁根芳	广州	互联网服务	众信旅游、金鼎投资、中信建投
70	车易拍	Cheyipai	70	杨雪剑	北京	电子商务	北汽产业投资、经纬中国、晨兴资本
70	玖富	9fgroup	70	孙雷	北京	互联网金融	IDG、晨兴资本、DCM
70	触宝科技	Chubao	70	王佳梁	上海	软件	建银国际、华盖资本、红杉资本
70	辣妈帮	Lamabang	70	金赞	深圳	互联网服务	经纬中国、险峰华兴、晨兴创投
70	卷皮	Juanpi	70	黄承松	广州	电子商务	天图资本、招银国际、浙江金控
70	猎聘网	Liepin	70	戴科彬	北京	互联网服务	中移创新、经纬中国、天弘基金
70	波奇网	Boqii	70	唐颖之	上海	电子商务	高盛集团、集富亚洲、招商银行

续表

排名	企业名称	企业英文名称	估值范围（亿元）	掌门人	总部	行业	部分投资机构
70	纷享销客	Fxiaoke	70	罗旭	北京	软件	中信产业基金、高瓴资本、DCM
70	云鸟科技	Yunniao	70	韩毅	北京	物流服务	华平投资、红杉资本、经纬中国
70	点融网	Dianrong	70	苏海德	上海	互联网金融	老虎环球基金、北极光创投、尚乘集团
70	车猫二手车	Chemao	70	黄巍	杭州	电子商务	浙富控股、举汇资产、元璟资本
70	集奥聚合	Geo	70	崔晶晶	北京	大数据与云计算	金沙江创投、新浪、亚信联创
70	有利网	Yooli	70	吴逸然	北京	互联网金融	高瓴资本、晨兴资本、软银中国
70	寒武纪科技	Cambricon	70	陈天石	北京	硬件	国投创业、阿里巴巴、联想创投
70	一点资讯	Yidianzixun	70	李亚	北京	文化娱乐	凤凰、小米、OPPO
70	小猪短租	xiaozhu	70	陈驰	北京	互联网服务	愉悦资本、贝塔斯曼、君联资本
70	猿辅导	Yuanfudao	70	李勇	北京	互联网服务	IDG、经纬中国、华平投资
70	朴新教育	Pu - xin	70	沙云龙	北京	互联网服务	海通国际、挚信资本

附表 3-2　胡润独角兽榜单（2018）

排名	排名变化	企业名称	企业英文名称	估值范围（亿元）	掌门人	总部	行业	部分投资机构
1	→	蚂蚁金服	Ant Financial	10000	井贤栋	杭州	互联网金融	春华资本、中投海外、红杉资本
2	3↑	今日头条	Toutiao	5000	张一鸣	北京	文化娱乐	红杉资本、海纳亚洲、纪源资本
3	1↓	滴滴出行	Didi Chuxing	3000	程维	北京	互联网服务	腾讯、阿里巴巴、红杉资本、经纬中国

续表

排名	排名变化	企业名称	企业英文名称	估值范围（亿元）	掌门人	总部	行业	部分投资机构
4	1↑	陆金所	Lufax	2500	计葵生	上海	互联网金融	摩根士丹利、中银集团、国泰君安（香港）
5	8↑	微众银行	WeBank	1500	顾敏	深圳	互联网金融	华平投资、淡马锡
6	3↑	菜鸟网络	Cainiao	1000	童文红	杭州	物流服务	GIC、淡马锡、春华资本
6	2↑	大疆	DJI	1000	汪滔	深圳	机器人	Accel、红杉资本、麦星投资
6	3↑	京东数科	JDDigits	1000	陈生强	北京	互联网服务	红杉资本、嘉实投资、中国太平
6	16↑	快手	Kuaishou	1000	宿华	北京	文化娱乐	红杉资本、晨兴资本、百度、腾讯
10	New	京东物流	JD Logistics	800	王振辉	北京	物流服务	高瓴资本、红杉资本、腾讯
11	New	比特大陆	Bitmain	500	吴忌寒	北京	区块链	红杉资本、IDG
11	11↑	车好多	Cars	500	杨浩涌	北京	互联网服务	红杉资本、今日资本、IDG、经纬中国
11	New	金融壹账通	OneConnect	500	叶望春	上海	互联网金融	未透露
11	24↑	美菜网	Meicai	500	刘传军	北京	电子商务	顺为资本、纪源资本、真格基金
11	New	平安医保科技	Ping An HealthKonnect	500	高菁	上海	医疗健康	IDG、思佰益、软银海外
11	New	苏宁金服	Suning Finance	500	张近东	南京	互联网金融	光大控股、深创投
17	4↓	链家	Homelink	400	左晖	北京	房产服务	融创、万科、腾讯、经纬中国
17	18↑	满帮	Full Truck Alliance	400	王刚	南京、贵阳	物流服务	腾讯、红杉资本、光速中国、高瓴资本
17	18↑	商汤科技	SenseTime	400	徐立	北京	人工智能	鼎晖、IDG、中金公司

续表

排名	排名变化	企业名称	企业英文名称	估值范围（亿元）	掌门人	总部	行业	部分投资机构
17	4↓	神州优车	UCAR	400	陆正耀	天津	互联网服务	云锋投资、云岭投资、中金公司
17	18↑	微医	We Doctor	400	廖杰远	杭州	医疗健康	红杉资本、高盛、腾讯、启明创投、高瓴资本
22	48↑	达达—京东到家	New Dada	300	蒯佳祺	上海	物流服务	红杉资本、DST、京东
22	6↓	联影医疗	United Imaging	300	薛敏	上海	医疗健康	中国人寿、国投创新
22	→	柔宇科技	Royole	300	刘自鸿	深圳	智能硬件	中信产业基金、基石资本、IDG
22	6↓	威马汽车	WM Motor	300	沈晖	上海	汽车交通	远景能源、红杉资本
22	New	小鹏汽车	Xpeng Motors	300	何小鹏	广州	汽车交通	晨兴资本、IDG、经纬中国、顺为资本、阿里巴巴、纪源资本
22	6↓	优必选	Ubtech	300	周剑	深圳	机器人	启明创投、科大讯飞、鼎晖投资、腾讯
28	New	360企业安全	360 ESG	200	齐向东	北京	互联网服务	IDG资本、中信建投资本、华兴创投
28	6↓	Face++	Face++	200	印奇	北京	人工智能	启明创投、联想之星、建银国际、蚂蚁金服
28	7↑	VIPKID	VIPKID	200	米雯娟	北京	教育	云锋基金、红杉资本、真格基金、腾讯、经纬中国
28	New	博纳影业	Bona film	200	于冬	北京	文化娱乐	红杉资本、SIG、经纬中国、阿里巴巴、万达院线、腾讯
28	6↓	大地影院	Dadi Digital Cinema	200	刘荣	深圳	文化娱乐	阿里巴巴

续表

排名	排名变化	企业名称	企业英文名称	估值范围（亿元）	掌门人	总部	行业	部分投资机构
28	New	大搜车	Souche	200	姚军红	北京	互联网服务	晨兴资本、红杉资本、阿里巴巴
28	New	地平线机器人	Horizon Robotics	200	余凯	北京	人工智能	真格基金、红杉资本、高瓴资本
28	7↑	斗鱼	Douyu	200	陈少杰	武汉	文化娱乐	红杉资本、腾讯、南山资本
28	New	度小满金融	Du Xiaoman Financial	200	朱光	北京	互联网金融	TPG、凯雷投资，泰康集团、农银国际
28	6↓	复宏汉霖	Henlius	200	刘世高	上海	医疗健康	华盖资本
28	New	汇通达	Huitongda	200	徐秀贤	南京	电子商务	毅达资本、紫金资本、顺为资本
28	New	跨越速运	Kuayue Express	200	胡永	深圳	物流服务	红杉资本
28	7↑	猫眼微影	Maoyan	200	王长田	北京	互联网服务	光线传媒、美团、腾讯
28	New	每日优鲜	Missfresh	200	徐正	北京	电子商务	光信资本、腾讯、浙商创投
28	New	奇点汽车	Singulato	200	沈海寅	北京	汽车交通	光信资本、奇虎 360
28	7↑	喜马拉雅	Himalaya	200	余建军	上海	文化娱乐	SIG、Sierra Ventures、前海兴旺
28	42↑	小红书	Xiaohongshu	200	毛文超	上海	电子商务	腾讯、真格基金、纪源资本
28	7↑	一下科技	Yixia	200	韩坤	北京	互联网服务	新浪、红点创投、红杉资本、晨兴资本
28	7↑	易果生鲜	Yiguo	200	金光磊	上海	电子商务	阿里巴巴、高盛
28	6↓	银联商务	China UMS	200	田林	上海	互联网金融	光际资本、IDG
28	7↑	优客工场	UrWork	200	毛大庆	北京	互联网服务	易凯资本、真格基金、红杉资本
28	New	游侠汽车	Youxia	200	卫俊	上海	汽车交通	前海梧桐、中创海洋
28	42↑	猿辅导	Yuanfudao	200	李勇	北京	教育	IDG、经纬中国、腾讯

续表

排名	排名变化	企业名称	企业英文名称	估值范围（亿元）	掌门人	总部	行业	部分投资机构
28	New	云从科技	Cloudwalk	200	周曦	广州	人工智能	顺为资本、元禾原点、前海兴旺
28	New	自如	Ziroom	200	左晖	北京	互联网服务	华平投资、红杉资本、腾讯
28	New	作业帮	Zuoyebang	200	侯建彬	北京	教育	纪源资本、H Capital、红杉资本
54	New	灿星	Canxing	150	田明	上海	文化娱乐	阿里巴巴、腾讯、华人文化
54	New	哈啰出行	Hellobike	150	杨磊	上海	互联网服务	纪源资本、磐谷创投、愉悦资本、蚂蚁金服
54	16↑	寒武纪科技	Cambricon	150	陈天石	北京	智能硬件	国投创业、阿里巴巴、联想创投
54	New	合全药业	Syntheall	150	李革	上海	医疗健康	红杉资本
54	New	嘉楠耘智	Canaan	150	张楠赓	杭州	区块链	锦江集团、暾澜资本
54	New	名创优品	Miniso	150	叶国富	广州	新零售	腾讯、高瓴资本
54	New	瑞幸咖啡	Luckin Coffee	150	钱治亚	北京	新零售	大钲资本、愉悦资本、GIC、君联资本
54	New	苏宁体育	Suning Sports	150	张近东	南京	文化娱乐	高盛
54	19↓	淘票票	Taobao Dianying	150	俞永福	杭州	互联网服务	蚂蚁金服、鼎晖投资、新浪
54	16↑	知乎	Zhihu	150	周源	北京	互联网服务	今日资本、启明创投、腾讯
64	29↓	APUS	APUS	100	李涛	北京	互联网服务	SIG、启明创投
64	29↓	PingPong	PingPong	100	陈宇	杭州	互联网金融	广发信德、清华控股、Fidelity
64	New	爱驰汽车	Aiways	100	谷峰	上海	汽车交通	未透露
64	New	爱回收	Aihuishou	100	陈雪峰	上海	互联网服务	凯辉基金、达晨创投、天图资本

续表

排名	排名变化	企业名称	企业英文名称	估值范围（亿元）	掌门人	总部	行业	部分投资机构
64	New	拜腾汽车	Byton	100	毕福康	南京	汽车交通	一汽集团、启迪控股、宁德时代
64	New	曹操专车	Caocao	100	刘金良	杭州	互联网服务	未透露
64	New	车和家	Chehejia	100	李想	北京	汽车交通	利欧股份、源码资本、明势资本
64	New	电咖汽车	Dearcc	100	张海亮	绍兴	汽车交通	未透露
64	New	甘李药业	Ganlee	100	甘忠如	北京	医疗健康	启明创投、高瓴资本、高盛
64	New	高顿	Gaodun	100	李锋	上海	教育	前程无忧
64	29↓	孩子王	Kidswant	100	汪建国	南京	电子商务	华平投资、景林投资、高瓴资本
64	New	汇桔网	WTOIP	100	谢旭辉	广州	互联网服务	粤民投、厚朴投资、胡润百富
64	29↓	惠民网	Huimin	100	张一春	北京	电子商务	西部优势资本、中合担保
64	29↓	界面	Jiemian	100	何力	上海	文化娱乐	昆仑信托
64	6↑	金山云	Ksyun	100	王育林	北京	大数据与云计算	IDG、金山软件、小米
64	New	开沃汽车	Skywell	100	黄宏生	南京	汽车交通	未透露
64	29↓	拉卡拉	Lakala	100	孙陶然	北京	互联网金融	君联资本、富鑫国际、晨兴资本
64	New	驴妈妈	lvmama	100	洪清华	上海	互联网服务	红杉资本、鼎晖创投
64	New	马蜂窝	Mafengwo	100	陈罡	北京	互联网服务	今日资本、启明创投、高瓴资本
64	29↓	芒果 TV	Mgtv	100	张勇	长沙	文化娱乐	联新资本、上海国和、厦门建发
64	29↓	蜜芽	Mia	100	刘楠	北京	电子商务	百度、红杉资本、真格基金
64	6↑	纳恩博	Ninebot	100	高禄峰	天津	智能硬件	红杉资本、小米、顺为资本

续表

排名	排名变化	企业名称	企业英文名称	估值范围（亿元）	掌门人	总部	行业	部分投资机构
64	New	盘石股份	Panshi	100	田宁	杭州	大数据与云计算	赛伯乐、韩亚金融集团、建信信托
64	New	全棉时代	Winner	100	李建全	深圳	医疗健康	红杉资本
64	New	日日顺	RRS	100	解居志	青岛	物流服务	阿里巴巴、高盛、中投
64	New	软通动力	iSoftstone	100	刘天文	北京	互联网服务	红杉资本、达晨创投、华兴新经济基金、易方达基金
64	New	天下秀	IMS	100	李檬	北京	互联网服务	新浪、软银赛富、摩根士丹利
64	New	途虎养车	Tuhu	100	陈敏	上海	互联网服务	高瓴资本、启明创投、君联资本、红杉资本
64	29↓	途家网	Tujia	100	罗军	北京	互联网服务	携程、纪源资本、启明创投
64	29↓	土巴兔	Tubatu	100	王国彬	深圳	互联网服务	红杉资本、经纬中国、58 同城
64	6↑	网易云音乐	NetEase Music	100	朱一闻	杭州	文化娱乐	SMG
64	29↓	微店	Weidian	100	王珂	北京	电子商务	腾讯、华平资本、经纬中国
64	29↓	微鲸	Whaley	100	黎瑞刚	上海	智能硬件	腾讯、华人文化产业基金
64	6↑	小猪短租	Xiaozhu	100	陈驰	北京	房产服务	愉悦资本、贝塔斯曼、君联资本、晨兴资本
64	29↓	信达生物	Innovent Bio	100	俞德超	苏州	医疗健康	国投创新、君联资本、淡马锡、高瓴资本
64	New	药明明码	WuXi NextCODE	100	李革	上海	医疗健康	淡马锡、红杉资本、云锋基金、

续表

排名	排名变化	企业名称	企业英文名称	估值范围（亿元）	掌门人	总部	行业	部分投资机构
64	6↑	依图科技	YITU	100	朱珑	上海	人工智能	云锋基金、红杉资本、真格基金、高瓴资本
64	29↓	英雄互娱	Hero Entertainment	100	应书岭	北京	游戏	华谊兄弟、红杉资本、真格基金
64	6↑	悦畅科技	ETCP	100	谭龙	北京	互联网服务	万达、经纬中国、SIG
64	29↓	找钢网	Zhaogang	100	王东	上海	电子商务	IDG、经纬中国、红杉资本、真格基金
64	29↓	猪八戒网	Zbj	100	朱明跃	重庆	互联网服务	赛伯乐、IDG
105	New	1919 酒类直供	1919 Wines & Spirits	70	杨陵江	成都	新零售	阿里巴巴、天弘基金、中信证券
105	35↓	58 到家	Daojia	70	姚劲波	北京	互联网服务	阿里巴巴、KKR、平安创投
105	New	DotC United	DotC United	70	石一	上海	互联网服务	高榕资本、光速中国、晨兴资本
105	35↓	iTutorGroup	iTutorGroup	70	杨正大	北京	教育	启明创投、GIC、高盛
105	New	Momenta	Momenta	70	曹旭东	北京	人工智能	腾讯、真格基金、顺为资本
105	New	V 领地	V Linker	70	周君强	上海	房产服务	华平投资
105	New	阿里体育	Alisports	70	张勇	上海	文化娱乐	云峰基金、太平资产
105	New	艾佳生活	Ihomefnt	70	潘定国	南京	互联网服务	天图资本、达晨创投、正和岛基金
105	New	安翰医疗	Ankon	70	吉朋松	上海	医疗健康	软银中国、大中投资
105	35↓	安能物流	Ane	70	王拥军	上海	物流服务	红杉资本、凯雷投资、高盛
105	New	奥比中光	Orbbec	70	黄源浩	深圳	人工智能	蚂蚁金服、赛富投资、松禾资本
105	35↓	贝贝网	Beibei	70	张良伦	杭州	电子商务	IDG、北极光创投、今日资本

续表

排名	排名变化	企业名称	企业英文名称	估值范围（亿元）	掌门人	总部	行业	部分投资机构
105	35↓	波奇网	Boqii	70	唐颖之	上海	电子商务	高盛、集富亚洲、点亮资本
105	35↓	车猫二手车	Chemao	70	黄巍	杭州	互联网服务	浙富控股、元璟资本
105	35↓	车易拍	Cheyipai	70	杨雪剑	北京	电子商务	北汽产业投资、经纬中国、晨兴资本
105	New	车置宝	Chezhibao	70	黄乐	南京	互联网服务	九鼎资本、毅达资本
105	New	出门问问	Mobvoi	70	李志飞	上海	人工智能	真格基金、红杉资本、SIG
105	35↓	春雨医生	Chunyuyisheng	70	李光辉	北京	医疗健康	蓝驰创投、贝塔斯曼、中金公司
105	New	第四范式	4paradigm	70	戴文渊	北京	人工智能	红杉资本、国新、启迪
105	35↓	点融网	Dianrong	70	苏海德	上海	互联网金融	老虎环球基金、北极光创投、GIC
105	New	丁香园	Dxy	70	李天天	杭州	互联网服务	顺为资本、DCM、腾讯
105	35↓	返利网	Fanli	70	葛永昌	上海	电子商务	SIG、启明创投、乐天
105	35↓	房多多	FangDD	70	段毅	深圳	房产服务	嘉御基金、光速中国、鼎晖创投
105	35↓	纷享销客	Fxiaoke	70	罗旭	北京	互联网服务	DCM、北极光创投、IDG、高瓴资本
105	New	丰巢科技	Fcbox	70	王卫	深圳	物流服务	顺丰速运、鼎晖投资、国开金融
105	New	富途证券	Futu	70	李华	深圳	互联网金融	腾讯、红杉资本、经纬中国
105	New	好大夫在线	Haodf	70	王航	北京	医疗健康	挚信资本、崇德投资、DCM 中国
105	New	好享家	Hosjoy	70	汪建国	南京	互联网服务	德同资本、方正和生、富坤投资

续表

排名	排名变化	企业名称	企业英文名称	估值范围（亿元）	掌门人	总部	行业	部分投资机构
105	35↓	沪江	Hujiang	70	伏彩瑞	上海	教育	汉能投资、软银、顺为资本
105	New	华云数据	Huayun	70	许广彬	无锡	大数据与云计算	SIG、Intel Capital、海通开元
105	New	辉能科技	Prologium	70	楊思枬	台北	新能源	丹丰资本、软银中国资本
105	New	慧科教育	Huikedu Group	70	方业昌	北京	教育	泛海控股、复星锐正资本
105	New	基石药业	Cstone	70	江宁军	苏州	医疗健康	GIC、红杉资本、云锋基金
105	35↓	集奥聚合	Geo	70	崔晶晶	北京	大数据与云计算	金沙江创投、新浪、亚信联创
105	New	九次方大数据	Jusfoun	70	王叁寿	北京	大数据与云计算	IDG、信中利资本、键桥通讯
105	35↓	玖富	9fgroup	70	孙雷	北京	互联网金融	晨兴资本、DCM、SIG
105	83↓	酒仙网	JiuXian	70	郝鸿峰	北京	电子商务	红杉资本、东方富海
105	35↓	卷皮	Juanpi	70	黄承松	广州	电子商务	天图资本、招银国际、浙江金控
105	New	客路旅行	KLOOK	70	王志豪	香港	互联网服务	红杉资本、经纬中国、高盛
105	35↓	辣妈帮	Lamabang	70	金赞	深圳	互联网服务	经纬中国、晨兴资本
105	New	老虎证券	Tiger	70	巫天华	北京	互联网金融	真格基金、小米科技、宜信
105	New	连连数字	Lianlian	70	章征宇	杭州	互联网金融	红杉资本、光大实业、赛伯乐
105	New	联易融	Linklogis	70	宋群	深圳	互联网金融	腾讯、泛海投资、中信资本
105	New	零氪科技	Linkdoc	70	张天泽	北京	大数据与云计算	中投公司

续表

排名	排名变化	企业名称	企业英文名称	估值范围（亿元）	掌门人	总部	行业	部分投资机构
105	New	零跑汽车	Leapmotor	70	朱江明	金华	汽车交通	红杉资本、上海电气、兴业证券
105	New	罗辑思维	Luojilab	70	罗振宇	北京	文化娱乐	顺为资本、启明创投、真格基金、红杉资本、腾讯
105	35↓	罗计物流	Loji	70	宋睿	北京	物流服务	IDG、真格基金
105	New	脉脉	Maimai	70	林凡	北京	互联网服务	DST、IDG、晨兴资本、DCM
105	35↓	魔方公寓	Mofang	70	葛岚	上海	房产服务	中航信托、华平投资、德同资本
105	New	柠萌影业	Linmon	70	苏晓	上海	文化娱乐	腾讯、弘毅投资
105	35↓	诺禾致源	Novogene	70	李瑞强	北京	医疗健康	招银国际、国投创新、方和资本
105	New	人人车	Renrenche	70	李健	北京	互联网服务	高盛、腾讯、滴滴、顺为资本
105	35↓	人人贷	Renrendai	70	杨一夫	北京	互联网金融	挚信资本
105	New	神州细胞工程	Sinocelltech	70	谢良志	北京	医疗健康	启明创投
105	New	首汽约车	Shouqi	70	魏东	北京	互联网服务	百度、蔚来资本
105	New	数梦工场	Dtdream	70	吴敬传	杭州	大数据与云计算	阿里巴巴、银杏谷资本
105	35↓	碳云智能	Icarbonx	70	王俊	广州	医疗健康	天府集团、鑫根资本
105	35↓	腾云天下	TalkingData	70	崔晓波	北京	大数据与云计算	软银中国、麦顿投资、北极光创投
105	New	同盾科技	Tongdun	70	蒋韬	杭州	大数据与云计算	IDG、华创资本、宽带资本、启明创投
105	New	挖财	Wacai	70	李治国	杭州	互联网金融	新天域资本、光信资本、IDG、启明创投

续表

排名	排名变化	企业名称	企业英文名称	估值范围（亿元）	掌门人	总部	行业	部分投资机构
105	35↓	WiFi万能钥匙	WiFi Master key	70	陈大年	上海	互联网服务	海通开元、北极光创投
105	New	网易有道	Youdao	70	周枫	北京	互联网服务	君联资本、慕华投资
105	New	微盟	Weimob	70	孙涛勇	上海	互联网服务	华映资本、海航资本、上海自贸区基金
105	35↓	我买网	Womai	70	张东风	北京	电子商务	IDG、赛富基金、百度
105	New	新氧网	Soyoung	70	金星	北京	互联网服务	经纬中国、挚信资本、腾讯
105	New	亚洲医疗	Asia Medical	70	谢俊明	香港	医疗健康	红杉资本、泛大西洋
105	35↓	洋码头	yMatou	70	曾碧波	上海	电子商务	远镜创投、赛富基金、上海国际
105	35↓	要出发	Yaochufa	70	丁根芳	广州	互联网服务	众信旅游、红杉资本
105	35↓	一点资讯	Yidianzixun	70	李亚	北京	文化娱乐	凤凰、小米、IDG
105	New	一起作业	17zuoye	70	刘畅	上海	教育	真格基金、顺为资本、老虎基金
105	New	亿邦国际	Ebang	70	胡东	杭州	区块链	未透露
105	New	易久批	Yijiupi	70	王朝成	北京	电子商务	美团点评、腾讯、贝塔斯曼
105	35↓	易生金服	Easy Life	70	刘江涛	北京	互联网金融	海航旅游、H Capital
105	New	影谱科技	Moviebook	70	姬晓晨	北京	人工智能	商汤科技、软银中国、曜为资本
105	New	优刻得	UCloud	70	季昕华	上海	大数据与云计算	DCM、贝塔斯曼、君联资本
105	35↓	有利网	Yooli	70	吴逸然	北京	互联网金融	高瓴资本、晨兴资本、软银中国
105	New	越海全球	YH Global	70	张泉	深圳	物流服务	涌铧投资、汇能金融、磐石资本
105	35↓	云鸟科技	Yunniao	70	韩毅	北京	物流服务	华平投资、红杉资本、经纬中国

续表

排名	排名变化	企业名称	企业英文名称	估值范围（亿元）	掌门人	总部	行业	部分投资机构
105	35↓	云知声	Unisound	70	梁家恩	北京	大数据与云计算	启明创投、高通
105	New	执御信息	Jollycorp	70	李海燕	杭州	电子商务	红杉资本、君联资本、鼎晖投资
105	New	智米科技	Smartmi	70	苏峻	北京	智能硬件	顺为资本、GIC
105	New	转转	Zhuanzhuan	70	姚劲波	北京	互联网服务	腾讯

附表3-3 胡润独角兽榜单（2019）

排名	企业名称	企业英文名称	估值（亿元）	国家	城市	行业	掌门人	成立年份	部分投资机构
1	蚂蚁金服	Ant Financial	10000	中国	杭州	金融科技	井贤栋	2014	春华资本、中投海外、红杉资本
2	字节跳动	Bytedance	5000	中国	北京	媒体和娱乐	张一鸣	2012	红杉资本、海纳亚洲、纪源资本、启明创投
3	滴滴出行	Didi Chuxing	3600	中国	北京	共享经济	程维	2012	腾讯、阿里巴巴、红杉资本、经纬中国、纪源资本
6	陆金所	Lufax	2700	中国	上海	金融科技	计葵生	2011	摩根士丹利、中银集团、国泰君安（香港）
11	微众银行	WeBank	1500	中国	深圳	金融科技	顾敏	2014	腾讯、华平投资、淡马锡
12	菜鸟网络	Cainiao	1300	中国	杭州	物流	童文红	2013	GIC、淡马锡、春华资本
12	京东数科	JD Digits	1300	中国	北京	金融科技	陈生强	2013	红杉资本、嘉实投资、中国太平
14	快手	Kuaishou	1200	中国	北京	媒体和娱乐	宿华	2011	红杉资本、晨兴资本、百度、腾讯

续表

排名	企业名称	企业英文名称	估值（亿元）	国家	城市	行业	掌门人	成立年份	部分投资机构
15	大疆	DJI	1000	中国	深圳	机器人	汪滔	2006	Accel、红杉资本、麦星投资
20	比特大陆	Bitmain	800	中国	北京	区块链	詹克团，吴忌寒	2013	红杉资本、IDG、Crimson Ventures，创新工场
20	京东物流	JD Logistics	800	中国	北京	物流	王振辉	2007	高瓴资本、红杉资本、腾讯
25	贝壳找房	Beike	600	中国	天津	房地产科技	左晖	2018	腾讯
25	车好多	CARS	600	中国	北京	电子商务	杨浩涌	2011	红杉资本、今日资本、IDG、经纬中国
25	平安医保科技	Ping An Healthcare Technology	600	中国	上海	健康科技	高菁	2016	IDG、思佰益、软银海外
34	美菜网	Meicai	500	中国	北京	电子商务	刘传军	2014	顺为资本、纪源资本、真格基金
34	金融壹账通	OneConnect	500	中国	上海	金融科技	叶望春	2015	IDG、思佰益
34	苏宁金服	Suning Finance	500	中国	南京	金融科技	张近东	2006	光大控股、深创投
43	满帮	Full Truck Alliance	400	中国	贵阳	物流	王刚	2014	腾讯、红杉资本、光速中国、高瓴资本、云峰基金、纪源资本
43	商汤科技	SenseTime	400	中国	北京	人工智能	徐立	2014	鼎晖投资、IDG、中金公司
43	神州优车	UCAR	400	中国	天津	共享经济	陆正耀	2015	云锋基金、云岭投资、中金公司
43	微医	WeDoctor	400	中国	杭州	健康科技	廖杰远	2010	红杉资本、高盛、腾讯、启明创投、高瓴资本

续表

排名	企业名称	企业英文名称	估值（亿元）	国家	城市	行业	掌门人	成立年份	部分投资机构
57	旷视科技	Megvii	300	中国	北京	人工智能	印奇	2011	创新工场、启明创投、联想之星、建银国际、蚂蚁金服、纪源资本
57	达达—京东到家	New Dada	300	中国	上海	物流	蒯佳祺	2014	红杉资本、DST、京东
57	柔宇科技	Royole	300	中国	深圳	消费品	刘自鸿	2012	中信产业基金、基石资本、IDG
57	优必选	Ubtech	300	中国	深圳	机器人	周剑	2012	启明创投、科大讯飞、鼎晖投资、腾讯
57	联影医疗	United Imaging	300	中国	上海	健康科技	薛敏	2010	中国人寿、国投创新
57	威马汽车	WM Motor	300	中国	上海	新能源汽车	沈晖	2015	远景能源、红杉资本、海纳亚洲
57	小鹏汽车	Xpeng Motors	300	中国	广州	新能源汽车	何小鹏	2014	晨兴资本、IDG、经纬中国、顺为资本、阿里巴巴、纪源资本
57	自如	Ziroom	300	中国	北京	房地产科技	左晖	2011	华平投资、红杉资本、腾讯
84	博纳影业	Bona film	200	中国	北京	媒体和娱乐	于冬	2003	红杉资本、海纳亚洲、经纬中国、阿里巴巴、万达院线、腾讯
84	嘉楠耘智	Canaan	200	中国	杭州	区块链	张楠赓	2013	锦江集团、暾澜资本
84	银联商务	China UMS	200	中国	上海	金融科技	田林	2002	光际资本、IDG
84	云从科技	Cloudwalk	200	中国	广州	人工智能	周曦	2015	顺为资本、元禾原点、前海兴旺

续表

排名	企业名称	企业英文名称	估值（亿元）	国家	城市	行业	掌门人	成立年份	部分投资机构
84	大地影院	Dadi Digital Cinema	200	中国	深圳	媒体和娱乐	刘荣	2006	阿里影业
84	斗鱼	Douyu	200	中国	武汉	媒体和娱乐	陈少杰	2014	红杉资本、腾讯、南山资本
84	度小满金融	Du Xiaoman Financial	200	中国	北京	金融科技	朱光	2018	TPG、凯雷投资，泰康集团、农银国际
84	哈啰出行	Hellobike	200	中国	上海	共享经济	杨磊	2016	纪源资本、磐谷创投、愉悦资本、蚂蚁金服
84	复宏汉霖	Henlius	200	中国	上海	生命科学	刘世高	2009	华盖资本
84	喜马拉雅	Himalaya	200	中国	上海	媒体和娱乐	余建军	2012	海纳亚洲、Sierra Ventures、前海兴旺
84	地平线机器人	Horizon Robotics	200	中国	北京	人工智能	余凯	2015	真格基金、红杉资本、高瓴资本、创新工场、晨兴资本
84	汇通达	Huitongda	200	中国	南京	电子商务	徐秀贤	2008	毅达资本、紫金资本、顺为资本
84	跨越速运	Kuayue Express	200	中国	深圳	物流	胡永	2007	红杉资本
84	每日优鲜	Missfresh	200	中国	北京	电子商务	徐正	2014	光信资本、腾讯、浙商创投、启明创投
84	奇安信	Qi An Xin	200	中国	北京	网络安全	齐向东	2015	IDG、中信建投资本、华兴创投
84	奇点汽车	Singulato	200	中国	北京	新能源汽车	沈海寅	2014	光信资本、奇虎360
84	大搜车	Souche	200	中国	北京	电子商务	姚军红	2012	晨兴资本、红杉资本、阿里巴巴、华平投资

续表

排名	企业名称	企业英文名称	估值（亿元）	国家	城市	行业	掌门人	成立年份	部分投资机构
84	优客工场	Ucommune	200	中国	北京	共享经济	毛大庆	2015	真格基金、红杉资本、创新工场
84	VIPKID	VIPKID	200	中国	北京	教育科技	米雯娟	2013	创新工场、云锋基金、红杉资本、真格基金、腾讯、经纬中国
84	小红书	Xiaohongshu	200	中国	上海	软件与服务	毛文超	2013	红杉资本、腾讯、真格基金、纪源资本、阿里巴巴
84	易果生鲜	Yiguo	200	中国	上海	电子商务	金光磊	2005	阿里巴巴、高盛
84	一下科技	Yixia	200	中国	北京	媒体和娱乐	韩坤	2013	新浪、红点创投、红杉资本、晨兴资本
84	游侠汽车	Youxia	200	中国	上海	新能源汽车	卫俊	2014	前海梧桐、中创海洋
84	猿辅导	Yuanfudao	200	中国	北京	教育科技	李勇	2012	IDG、经纬中国、腾讯、华平投资
84	作业帮	Zuoyebang	200	中国	北京	教育科技	侯建彬	2014	纪源资本、H Capital、红杉资本
138	爱回收	Aihuishou	150	中国	上海	软件与服务	陈雪峰	2010	京东、凯辉基金、达晨创投、天图资本、晨兴资本
138	APUS	APUS	150	中国	北京	软件与服务	李涛	2014	海纳亚洲、启明创投
138	Block. One	Block. One	150	中国	香港	区块链	Brendan Blumer	2017	Peter Thiel
138	拜腾汽车	Byton	150	中国	南京	新能源汽车	毕福康	2017	一汽集团、启迪控股、宁德时代
138	寒武纪科技	Cambricon	150	中国	北京	人工智能	陈天石	2016	国投创业、阿里巴巴、联想创投

续表

排名	企业名称	企业英文名称	估值（亿元）	国家	城市	行业	掌门人	成立年份	部分投资机构
138	灿星	Canxing	150	中国	上海	媒体和娱乐	田明	2006	阿里巴巴、腾讯、华人文化
138	车和家	Chehejia	150	中国	北京	新能源汽车	李想	2015	利欧股份、源码资本、明势资本
138	准时达	Jusda	150	中国	成都	物流	杨秋瑾	2010	中国人寿、IDG、中金资本
138	金山云	Kingsoft Cloud	150	中国	北京	云计算	王育林	2011	IDG、金山软件、小米
138	马蜂窝	Mafengwo	150	中国	北京	电子商务	陈罡	2006	今日资本、启明创投、高瓴资本
138	名创优品	Miniso	150	中国	广州	新零售	叶国富	2013	腾讯、高瓴资本
138	PingPong	PingPong	150	中国	杭州	金融科技	陈宇	2015	广发信德、清华控股、Fidelity
138	雾芯科技	RELX	150	中国	深圳	消费品	汪莹	2018	IDG、源码资本、红杉资本
138	苏宁体育	Suning Sports	150	中国	南京	媒体和娱乐	张近东	2015	高盛
138	淘票票	Taobao Dianying	150	中国	杭州	电子商务	俞永福	2014	蚂蚁金服、鼎晖投资、新浪
138	依图科技	YITU	150	中国	上海	人工智能	朱珑	2012	云锋基金、红杉资本、真格基金、高瓴资本
138	知乎	Zhihu	150	中国	北京	媒体和娱乐	周源	2011	创新工场、今日资本、启明创投、腾讯
224	爱驰汽车	Aiways	100	中国	上海	新能源汽车	谷峰	2017	腾讯、沙钢集团、明驰基金
224	曹操专车	Caocao	100	中国	杭州	共享经济	刘金良	2015	未透露
224	蛋壳公寓	Danke	100	中国	北京	房地产科技	沈博阳	2015	老虎基金、蚂蚁金服、优客工场

续表

排名	企业名称	企业英文名称	估值（亿元）	国家	城市	行业	掌门人	成立年份	部分投资机构
224	亿邦国际	Ebang	100	中国	杭州	区块链	胡东	2013	未透露
224	天际汽车	Enovate	100	中国	绍兴	新能源汽车	张海亮	2017	未透露
224	悦畅科技	ETCP	100	中国	北京	软件与服务	谭龙	2012	万达、经纬中国、海纳亚洲
224	高顿	Gaodun	100	中国	上海	教育科技	李锋	2006	前程无忧
224	英雄互娱	Hero Entertainment	100	中国	北京	游戏	应书岭	2015	华谊兄弟、红杉资本、真格基金
224	惠民网	Huimin	100	中国	北京	电子商务	张一春	2013	西部优势资本、中合担保
224	天下秀	IMS	100	中国	北京	大数据	李檬	2009	新浪、软银赛富、摩根士丹利
224	软通动力	iSoftstone	100	中国	北京	软件与服务	刘天文	2001	红杉资本、达晨创投、华兴新经济基金、易方达基金
224	京东健康	JD Health	100	中国	北京	健康科技	辛利军	2019	CPEChina Fund、中金资本、霸菱亚洲
224	界面	Jiemian	100	中国	上海	媒体和娱乐	何力	2014	昆仑信托
224	孩子王	Kidswant	100	中国	南京	电子商务	汪建国	2009	华平投资、景林投资、高瓴资本
224	客路旅行	KLOOK	100	中国	香港	电子商务	王志豪	2014	红杉资本、经纬中国、高盛
224	驴妈妈	lvmama	100	中国	上海	电子商务	洪清华	2008	红杉资本、鼎晖投资
224	蜜芽	Mia	100	中国	北京	电子商务	刘楠	2011	百度、红杉资本、真格基金
224	魔方公寓	Mofang	100	中国	上海	房地产科技	葛岚	2010	中航信托、华平投资、德同资本

续表

排名	企业名称	企业英文名称	估值（亿元）	国家	城市	行业	掌门人	成立年份	部分投资机构
224	影谱科技	Moviebook	100	中国	北京	人工智能	姬晓晨	2009	商汤科技、软银中国、曜为资本
224	网易云音乐	NetEase Music	100	中国	杭州	媒体和娱乐	朱一闻	2013	SMG
224	纳恩博	Ninebot	100	中国	天津	机器人	高禄峰	2013	红杉资本、小米、顺为资本
224	盘石股份	Panshi	100	中国	杭州	大数据	田宁	2004	赛伯乐、韩亚金融集团、建信信托
224	全棉时代	PurCotton	100	中国	深圳	健康科技	李建全	2009	红杉资本
224	日日顺	RRS	100	中国	青岛	物流	解居志	2000	阿里巴巴、高盛、中投
224	SheIn	SheIn	100	中国	深圳	电子商务	许仰天	2008	JAFC、IDG、景林资本、红杉资本
224	蜀海	Shuhai	100	中国	北京	物流	张勇	2011	红杉资本、君联资本、高瓴资本
224	开沃汽车	Skywell	100	中国	南京	新能源汽车	黄宏生	2017	恒泰华盛、百石基金
224	秦淮数据	Chindata	100	中国	张家口	大数据	居静	2015	贝恩资本
224	同盾科技	Tongdun	100	中国	杭州	云计算	蒋韬	2012	IDG、华创资本、启明创投、纪源资本
224	土巴兔	Tubatu	100	中国	深圳	软件与服务	王国彬	2008	红杉资本、经纬中国、58同城
224	途虎养车	Tuhu	100	中国	上海	电子商务	陈敏	2014	高瓴资本、启明创投、君联资本、红杉资本
224	途家网	Tujia	100	中国	北京	共享经济	罗军	2011	携程、纪源资本、启明创投、鼎晖投资
224	涂鸦智能	TuyaSmart	100	中国	杭州	人工智能	王学集	2014	宽带资本、中金公司

续表

排名	企业名称	企业英文名称	估值（亿元）	国家	城市	行业	掌门人	成立年份	部分投资机构
224	微店	Weidian	100	中国	北京	电子商务	王珂	2011	腾讯、华平投资、经纬中国
224	微鲸	Whaley	100	中国	上海	消费品	黎瑞刚	2015	腾讯、华人文化产业基金
224	药明明码	WuXi NextCODE	100	中国	上海	生命科学	李革	2015	淡马锡、红杉资本、云锋基金
224	小猪短租	Xiaozhu	100	中国	北京	房地产科技	陈驰	2012	愉悦资本、贝塔斯曼、君联资本、晨兴资本
224	新潮传媒	Xinchao	100	中国	成都	媒体和娱乐	张继学	2013	百度、闻名投资
224	猪八戒网	Zbj	100	中国	重庆	软件与服务	朱明跃	2005	赛伯乐、IDG
224	找钢网	Zhaogang	100	中国	上海	电子商务	王东	2012	IDG、经纬中国、红杉资本、真格基金
264	百融金服	100credit	70	中国	北京	金融科技	张韶峰	2014	中国国新、中金前海、红杉资本、IDG、高瓴资本
264	一起作业	17zuoye	70	中国	上海	教育科技	刘畅	2007	真格基金、顺为资本、老虎基金
264	1919酒类直供	1919 Wines & Spirits	70	中国	成都	新零售	杨陵江	2006	阿里巴巴、天弘基金、中信证券
264	第四范式	4paradigm	70	中国	北京	人工智能	戴文渊	2015	红杉资本、国新、启迪、创新工场
264	玖富	9fgroup	70	中国	北京	金融科技	孙雷	2006	晨兴资本、DCM、SIG
264	空中云汇	Airwallex	70	中国	香港	金融科技	Jack Zhang	2016	腾讯、红杉资本、DST、高瓴资本
264	岩心科技	Akulaku	70	中国	深圳	金融科技	李文博	2015	启明创投、蚂蚁金服
264	阿里体育	Alisports	70	中国	上海	媒体和娱乐	张勇	2015	云峰基金、太平资产

续表

排名	企业名称	企业英文名称	估值（亿元）	国家	城市	行业	掌门人	成立年份	部分投资机构
264	安能物流	Ane	70	中国	上海	物流	王拥军	2010	红杉资本、凯雷投资、高盛、华平投资
264	安翰医疗	Ankon	70	中国	上海	健康科技	吉朋松	2008	软银中国、大中投资
264	斑马网络	Banma	70	中国	上海	人工智能	郝飞	2015	国投创新、云锋基金、尚颀资本
264	贝贝网	Beibei	70	中国	杭州	电子商务	张良伦	2014	IDG、北极光创投、今日资本
264	波奇网	Boqii	70	中国	上海	电子商务	唐颖之	2012	高盛、集富亚洲、点亮资本
264	博郡汽车	Bordrin	70	中国	南京	新能源汽车	黄希鸣	2017	盛世投资、中科产业基金
264	康众汽配	Carzone	70	中国	南京	新零售	商宝国	2018	基石资本、华平投资、阿里巴巴
264	车猫二手车	Chemao	70	中国	杭州	电子商务	黄巍	2012	浙富控股、元璟资本
264	车置宝	Chezhibao	70	中国	南京	电子商务	黄乐	2010	九鼎资本、毅达资本
264	春雨医生	Chunyuyisheng	70	中国	北京	健康科技	李光辉	2011	蓝驰创投、贝塔斯曼、中金公司
264	哒哒英语	DaDa	70	中国	上海	教育科技	邳慧	2013	老虎基金、华平资本、好未来
264	58 到家	Daojia	70	中国	北京	软件与服务	姚劲波	2014	阿里巴巴、KKR、平安创投
264	点融网	Dianrong	70	中国	上海	金融科技	苏海德	2012	老虎环球基金、北极光创投、GIC
264	DotC United	DotC United	70	中国	上海	大数据	石一	2015	高榕资本、光速中国、晨兴资本
264	数梦工场	Dtdream	70	中国	杭州	云计算	吴敬传	2015	阿里巴巴、银杏谷资本

续表

排名	企业名称	企业英文名称	估值（亿元）	国家	城市	行业	掌门人	成立年份	部分投资机构
264	丁香园	Dxy	70	中国	杭州	健康科技	李天天	2000	顺为资本、DCM、腾讯
264	易生金服	Easy Life	70	中国	北京	金融科技	刘江涛	2011	海航旅游、H Capital
264	远景能源	Envision	70	中国	上海	新能源	张雷	2008	红杉资本
264	房多多	FangDD	70	中国	深圳	房地产科技	段毅	2011	嘉御基金、光速中国、鼎晖投资
264	返利网	Fanli	70	中国	上海	电子商务	葛永昌	2007	海纳亚洲、启明创投、乐天
264	丰巢科技	Fcbox	70	中国	深圳	物流	徐育斌	2015	顺丰速运、鼎晖投资、国开金融
264	纷享销客	Fxiaoke	70	中国	北京	软件与服务	罗旭	2011	DCM、北极光创投、IDG、高瓴资本
264	G7	G7	70	中国	北京	人工智能	翟学魂	2011	厚朴投资、经纬中国、腾讯
264	集奥聚合	Geo	70	中国	北京	大数据	崔晶晶	2012	金沙江创投、新浪、亚信联创
264	好大夫在线	Haodf	70	中国	北京	健康科技	王航	2006	挚信资本、崇德投资、DCM
264	好享家	Hosjoy	70	中国	南京	软件与服务	汪建国	2009	德同资本、方正和生、富坤投资
264	合众汽车	Hozon	70	中国	桐乡	新能源汽车	张勇	2014	知合出行、鸿利智汇
264	华云数据	Huayun	70	中国	无锡	大数据	许广彬	2010	海纳亚洲、Intel Capital、海通开元
264	慧科教育	Huikedu Group	70	中国	北京	教育科技	方业昌	2010	泛海控股、复星锐正资本
264	沪江	Hujiang	70	中国	上海	教育科技	伏彩瑞	2001	汉能投资、软银、顺为资本、海纳亚洲

续表

排名	企业名称	企业英文名称	估值（亿元）	国家	城市	行业	掌门人	成立年份	部分投资机构
264	碳云智能	Icarbonx	70	中国	广州	健康科技	王俊	2015	天府集团、鑫根资本
264	艾佳生活	Ihomefnt	70	中国	南京	软件与服务	潘定国	2014	天图资本、达晨创投、正和岛基金
264	谊品生鲜	Ipien	70	中国	重庆	电子商务	江建飞	2013	腾讯、今日资本
264	麦奇教育科技	iTutorGroup	70	中国	上海	教育科技	杨正大	2008	启明创投、GIC、高盛
264	酒仙网	JiuXian	70	中国	北京	电子商务	郝鸿峰	2010	红杉资本、东方富海
264	执御信息	Jollycorp	70	中国	杭州	电子商务	李海燕	2012	红杉资本、君联资本、鼎晖投资
264	卷皮	Juanpi	70	中国	广州	电子商务	黄承松	2012	天图资本、招银国际、浙江金控
264	驹马物流	Juma	70	中国	成都	物流	白如冰	2011	普洛斯、新希望、远洋资本
264	九次方大数据	Jusfoun	70	中国	北京	大数据	王叁寿	2010	IDG、信中利资本、键桥通讯
264	作业盒子	Knowbox	70	中国	北京	教育科技	刘夜	2014	阿里巴巴、联想之星、好未来教育集团
264	氪空间	Kr Space	70	中国	北京	共享经济	刘成城	2016	IDG、歌斐资产
264	货拉拉	Lalamove	70	中国	香港	物流	周胜馥	2013	清流资本、襄禾资本、顺为资本
264	辣妈帮	Lamabang	70	中国	深圳	健康科技	金赞	2011	经纬中国、晨兴资本
264	零跑汽车	Leapmotor	70	中国	金华	新能源汽车	朱江明	2017	红杉资本、上海电气、兴业证券
264	连连数字	Lianlian	70	中国	杭州	金融科技	章征宇	2009	红杉资本、光大实业、赛伯乐

续表

排名	企业名称	企业英文名称	估值（亿元）	国家	城市	行业	掌门人	成立年份	部分投资机构
264	零氪科技	Linkdoc	70	中国	北京	大数据	张天泽	2014	中投公司
264	联易融	Linklogis	70	中国	深圳	金融科技	宋群	2016	腾讯、泛海投资、中信资本
264	柠萌影业	Linmon	70	中国	上海	媒体和娱乐	苏晓	2014	腾讯、弘毅投资
264	罗计物流	Loji	70	中国	北京	物流	宋睿	2014	IDG、真格基金
264	罗辑思维	Luojilab	70	中国	北京	媒体和娱乐	罗振宇	2012	顺为资本、启明创投、真格基金、红杉资本、腾讯
264	脉脉	Maimai	70	中国	北京	软件与服务	林凡	2012	DST、IDG、晨兴资本、DCM
264	妙手医生	Miaoshou	70	中国	北京	健康科技	何涛	2015	红杉资本、启明创投
264	明略科技	Mininglamp	70	中国	北京	人工智能	吴明辉	2014	红杉资本、分享投资
264	出门问问	Mobvoi	70	中国	上海	人工智能	李志飞	2012	真格基金、红杉资本、海纳亚洲
264	Momenta	Momenta	70	中国	北京	人工智能	曹旭东	2016	创新工场、腾讯、真格基金、顺为资本、纪源资本
264	诺米	Nome	70	中国	广州	新零售	陈浩	2017	红杉资本、华兴资本、天图资本、今日资本
264	诺禾致源	Novogene	70	中国	北京	生命科学	李瑞强	2011	招银国际、国投创新
264	奥比中光	Orbbec	70	中国	深圳	人工智能	黄源浩	2013	蚂蚁金服、赛富投资、松禾资本
264	毒	Poizon	70	中国	上海	电子商务	杨冰	2015	DST、虎扑体育、普思资本
264	辉能科技	Prologium	70	中国	台北	新能源	楊思枏	2006	丹丰资本、软银中国资本

续表

排名	企业名称	企业英文名称	估值（亿元）	国家	城市	行业	掌门人	成立年份	部分投资机构
264	人人车	Renrenche	70	中国	北京	电子商务	李健	2014	高盛、腾讯、滴滴、顺为资本
264	人人贷	Renrendai	70	中国	北京	金融科技	杨一夫	2010	挚信资本
264	首汽约车	Shouqi	70	中国	北京	共享经济	魏东	2015	百度、蔚来资本
264	水滴	Shuidi	70	中国	北京	金融科技	沈鹏	2016	腾讯、创新工场、IDG、美团点评
264	神州细胞工程	Sinocelltech	70	中国	北京	生命科学	谢良志	2007	启明创投
264	智米科技	Smartmi	70	中国	北京	消费品	苏峻	2014	顺为资本、GIC、纪源资本
264	腾云天下	TalkingData	70	中国	北京	大数据	崔晓波	2011	软银中国、麦顿投资、北极光创投
264	企鹅杏仁	Tencent Trusted Doctors	70	中国	北京	健康科技	王仕锐	2018	腾讯、碧桂园创投、红杉资本
264	优刻得	UCloud	70	中国	上海	云计算	季昕华	2012	DCM、贝塔斯曼、君联资本
264	云知声	Unisound	70	中国	北京	云计算	梁家恩	2012	启明创投、高通
264	V 领地	V Linker	70	中国	上海	房地产科技	周君强	2011	华平投资
264	挖财	Wacai	70	中国	杭州	金融科技	李治国	2009	新天域资本、光信资本、IDG、启明创投
264	WeLab	WeLab	70	中国	香港	金融科技	龙沛智	2013	TOM 集团、Khazanah、IFC、红杉资本
264	WiFi 万能钥匙	WiFi Master key	70	中国	上海	软件与服务	陈大年	2013	海通开元、北极光创投
264	我买网	Womai	70	中国	北京	电子商务	张东风	2009	IDG、赛富基金、百度

续表

排名	企业名称	企业英文名称	估值（亿元）	国家	城市	行业	掌门人	成立年份	部分投资机构
264	汇桔网	WTOIP	70	中国	广州	软件与服务	谢旭辉	2013	粤民投、厚朴投资、胡润百富
264	要出发	Yaochufa	70	中国	广州	电子商务	丁根芳	2011	众信旅游、红杉资本、创新工场
264	越海全球	YH Global	70	中国	深圳	物流	张泉	2012	涌铧投资、汇能金融、磐石资本
264	一点资讯	Yidianzixun	70	中国	北京	媒体和娱乐	李亚	2012	凤凰、小米、IDG
264	易久批	Yijiupi	70	中国	北京	电子商务	王朝成	2014	美团点评、腾讯、贝塔斯曼
264	壹米滴答	Yimidida	70	中国	上海	物流	杨兴运	2015	博裕资本、厚朴投资、普洛斯、源码资本、鼎晖投资
264	洋码头	yMatou	70	中国	上海	电子商务	曾碧波	2009	远镜创投、赛富基金
264	有利网	Yooli	70	中国	北京	金融科技	吴逸然	2012	高瓴资本、晨兴资本、软银中国
264	网易有道	Youdao	70	中国	北京	软件与服务	周枫	2007	君联资本、慕华投资
264	云鸟科技	Yunniao	70	中国	北京	物流	韩毅	2014	华平投资、红杉资本、经纬中国
264	掌门1对1	Zhangmen	70	中国	上海	教育科技	张翼	2014	顺为资本、达晨创投、华平投资
264	转转	Zhuanzhuan	70	中国	北京	电子商务	姚劲波	2015	腾讯

附录 4　独角兽企业创始人创业信息

附表 4－1　独角兽企业创始人创业经历

企业名称	企业估值（亿元）	创始人	有无创业经历
今日头条	5000	张一鸣	有
滴滴出行	3000	程维	无
腾讯音乐	1500	汤道生	有
菜鸟网络	1000	童文红	无
大疆	1000	汪滔	无
快手	1000	宿华	有
比特大陆	800	吴忌寒	有
壹账通	500	叶望春	无
车好多	400	杨浩涌	有
链家	400	左晖	有
美菜网	400	刘传军	有
神州优车	400	陆正耀	有
达达—京东到家	300	蒯佳祺	有
柔宇科技	300	刘自鸿	无
苏宁金融	300	张近东	有
威马汽车	300	沈晖	有
微医	300	廖杰远	有
优必选	300	周剑	有
Face + +	200	印奇	无
ofo	200	戴威	无
VIPKID	200	米雯娟	有
博纳影业	200	于冬	无
大搜车	200	姚军红	有
斗鱼	200	陈少杰	有
度小满金融	200	朱光	无
复宏汉霖	200	刘世高	有

续表

企业名称	企业估值（亿元）	创始人	有无创业经历
汇通达	200	徐秀贤	有
嘉楠耘智	200	张楠赓	无
猫眼微影	200	王长田	有
美丽联合	200	陈琪	有
奇点汽车	200	沈海寅	有
同程艺龙	200	吴志祥	无
喜马拉雅	200	余建军	有
小红书	200	毛文超	无
小鹏汽车	200	何小鹏	有
一下科技	200	韩坤	有
游侠汽车	200	卫俊	有
云从科技	200	周曦	无
自如	200	左晖	有
作业帮	200	侯建彬	无
APUS	100	李涛	无
PingPong	100	陈宇	无
爱驰汽车	100	谷峰	无
爱回收	100	陈雪峰	有
拜腾汽车	100	毕福康	无
宝宝树	100	王怀南	无
灿星	100	田明	无
曹操专车	100	刘金良	无
车和家	100	李想	有
地平线机器人	100	余凯	无
甘李药业	100	甘忠如	无
孩子王	100	汪建国	有
寒武纪科技	100	陈天石	无
合全药业	100	李革	有
汇桔网	100	谢旭辉	有
界面	100	何力	无
金山云	100	王育林	有

续表

企业名称	企业估值（亿元）	创始人	有无创业经历
驴妈妈	100	洪清华	有
马蜂窝	100	陈罡	无
芒果 TV	100	张勇	无
每日优鲜	100	徐正	无
蜜芽	100	刘楠	无
盘石股份	100	田宁	无
全棉时代	100	李建全	有
苏宁体育	100	张近东	无
天下秀	100	李檬	有
途虎养车	100	陈敏	无
途家网	100	罗军	有
土巴兔	100	王国彬	有
信达生物	100	俞德超	有
依图科技	100	朱珑	无
亿邦国际	100	胡东	无
英雄互娱	100	应书岭	有
优客工场	100	毛大庆	无
找钢网	100	王东	无
知乎	100	周源	有
猪八戒网	100	朱明跃	无
1919 酒类直供	70	杨陵江	无
58 到家	70	姚劲波	有
DotC United	70	石一	有
iTutorGroup	70	杨正大	有
Momenta	70	曹旭东	无
奥比中光	70	黄源浩	无
车猫二手车	70	黄巍	有
车置宝	70	黄乐	无
出门问问	70	李志飞	无
春雨医生	70	李光辉	无
点融网	70	苏海德	有

续表

企业名称	企业估值（亿元）	创始人	有无创业经历
丁香园	70	李天天	无
返利网	70	葛永昌	无
房多多	70	段毅	无
纷享销客	70	罗旭	无
丰巢科技	70	王卫	无
富途证券	70	李华	无
好大夫在线	70	王航	有
好享家	70	汪建国	有
沪江	70	伏彩瑞	无
华云数据	70	许广彬	有
慧科教育	70	方业昌	无
基石药业	70	江宁军	无
玖富	70	孙雷	无
酒仙网	70	郝鸿峰	有
卷皮	70	黄承松	有
辣妈帮	70	金赟	有
零氪科技	70	张天泽	有
罗辑思维	70	罗振宇	无
罗计物流	70	宋睿	无
脉脉	70	林凡	有
明码生物	70	李革	有
诺禾致源	70	李瑞强	无
人人车	70	李健	有
人人贷	70	杨一夫	无
瑞幸咖啡	70	钱治亚	无
神州细胞工程	70	谢良志	无
数梦工厂	70	王巍	无
腾云天下	70	崔晓波	有
同盾科技	70	蒋韬	无
挖财	70	李治国	无
万能钥匙	70	陈大年	有

续表

企业名称	企业估值（亿元）	创始人	有无创业经历
网易有道	70	周枫	无
网易云音乐	70	朱一闻	无
微盟	70	孙涛勇	无
小猪短租	70	陈驰	无
亚洲医疗	70	谢俊明	无
洋码头	70	曾碧波	无
要出发	70	丁根芳	有
一点资讯	70	李亚	有
一起作业	70	刘畅	有
影谱科技	70	姬晓晨	无
优刻得	70	季昕华	有
有利网	70	吴逸然	无
猿辅导	70	李勇	有
悦畅科技	70	谭龙	无
云鸟科技	70	韩毅	有
云知声	70	梁家恩	无
执御信息	70	李海燕	无
智米科技	70	苏峻	无
转转	70	姚劲波	有

附表 4－2　独角兽企业创始人创业次数

企业名称	企业估值（亿元）	创始人	创业次数
今日头条	5000	张一鸣	3 次及以上
滴滴出行	3000	程维	0 次
腾讯音乐	1500	谢振宇	2 次
菜鸟网络	1000	童文红	0 次
大疆	1000	汪滔	0 次
快手	1000	宿华	2 次
比特大陆	800	吴忌寒	1 次
壹账通	500	叶望春	0 次
车好多	400	杨浩涌	2 次

续表

企业名称	企业估值（亿元）	创始人	创业次数
链家	400	左晖	1 次
美菜网	400	刘传军	1 次
神州优车	400	陆正耀	1 次
达达—京东到家	300	蒯佳祺	2 次
柔宇科技	300	刘自鸿	0 次
苏宁金融	300	张近东	3 次及以上
威马汽车	300	沈晖	1 次
微医	300	廖杰远	1 次
优必选	300	周剑	3 次及以上
Face + +	200	印奇	0 次
ofo	200	戴威	0 次
VIPKID	200	米雯娟	1 次
博纳影业	200	于冬	0 次
斗鱼	200	陈少杰	1 次
度小满金融	200	朱光	0 次
复宏汉霖	200	刘世高	1 次
汇通达	200	徐秀贤	1 次
嘉楠耘智	200	张楠赓	0 次
美丽联合	200	陈琪	2 次
同程艺龙	200	吴志祥	0 次
喜马拉雅	200	余建军	3 次及以上
小红书	200	毛文超	0 次
小鹏汽车	200	何小鹏	1 次
一下科技	200	韩坤	1 次
游侠汽车	200	卫俊	2 次
云从科技	200	周曦	0 次
自如	200	左晖	1 次
作业帮	200	侯建彬	0 次
APUS	100	李涛	0 次
PingPong	100	陈宇	0 次
爱驰汽车	100	谷峰	0 次

续表

企业名称	企业估值（亿元）	创始人	创业次数
爱回收	100	陈雪峰	1 次
拜腾汽车	100	毕福康	0 次
宝宝树	100	王怀南	0 次
灿星	100	田明	0 次
曹操专车	100	刘金良	0 次
车和家	100	李想	2 次
地平线机器人	100	余凯	0 次
甘李药业	100	甘忠如	0 次
孩子王	100	汪建国	2 次
寒武纪科技	100	陈天石	0 次
合全药业	100	李革	2 次
汇桔网	100	谢旭辉	1 次
界面	100	何力	0 次
金山云	100	王育林	1 次
驴妈妈	100	洪清华	3 次及以上
马蜂窝	100	陈罡	0 次
芒果 TV	100	张勇	0 次
每日优鲜	100	徐正	0 次
蜜芽	100	刘楠	0 次
盘石股份	100	田宁	0 次
全棉时代	100	李建全	1 次
苏宁体育	100	张近东	0 次
天下秀	100	李檬	1 次
途虎养车	100	陈敏	0 次
途家网	100	罗军	2 次
土巴兔	100	王国彬	2 次
信达生物	100	俞德超	1 次
依图科技	100	朱珑	0 次
亿邦国际	100	胡东	0 次
英雄互娱	100	应书岭	1 次
优客工场	100	毛大庆	0 次

续表

企业名称	企业估值（亿元）	创始人	创业次数
找钢网	100	王东	0 次
知乎	100	周源	1 次
猪八戒网	100	朱明跃	0 次
1919 酒类直供	70	杨陵江	0 次
58 到家	70	姚劲波	2 次
DotC United	70	石一	1 次
iTutorGroup	70	杨正大	1 次
Momenta	70	曹旭东	0 次
阿里体育	70	张勇	2 次
奥比中光	70	黄源浩	0 次
贝贝网	70	张良伦	2 次
车猫二手车	70	黄巍	2 次
车置宝	70	黄乐	0 次
出门问问	70	李志飞	0 次
春雨医生	70	李光辉	0 次
点融网	70	苏海德	1 次
丁香园	70	李天天	0 次
返利网	70	葛永昌	0 次
房多多	70	段毅	0 次
纷享销客	70	罗旭	0 次
丰巢科技	70	王卫	0 次
富途证券	70	李华	0 次
好大夫在线	70	王航	2 次
好享家	70	汪建国	2 次
沪江	70	伏彩瑞	0 次
慧科教育	70	方业昌	0 次
基石药业	70	江宁军	0 次
玖富	70	孙雷	0 次
酒仙网	70	郝鸿峰	1 次
卷皮	70	黄承松	2 次
辣妈帮	70	金赞	1 次

续表

企业名称	企业估值（亿元）	创始人	创业次数
零氪科技	70	张天泽	1 次
罗辑思维	70	罗振宇	0 次
罗计物流	70	宋睿	0 次
脉脉	70	林凡	3 次及以上
明码生物	70	李革	2 次
诺禾致源	70	李瑞强	0 次
人人车	70	李健	1 次
人人贷	70	杨一夫	0 次
瑞幸咖啡	70	钱治亚	0 次
神州细胞工程	70	谢良志	0 次
数梦工厂	70	创始王巍	0 次
同盾科技	70	蒋韬	0 次
挖财	70	李治国	0 次
万能钥匙	70	陈大年	1 次
网易有道	70	周枫	0 次
网易云音乐	70	朱一闻	0 次
微盟	70	孙涛勇	0 次
小猪短租	70	陈驰	0 次
亚洲医疗	70	谢俊明	0 次
洋码头	70	曾碧波	0 次
要出发	70	丁根芳	1 次
一点资讯	70	李亚	2 次
一起作业	70	刘畅	1 次
影谱科技	70	姬晓晨	0 次
优刻得	70	季昕华	3 次及以上
有利网	70	吴逸然	0 次
猿辅导	70	李勇	1 次
悦畅科技	70	谭龙	0 次
云鸟科技	70	韩毅	2 次
云知声	70	梁家恩	0 次
执御信息	70	李海燕	0 次
智米科技	70	苏峻	0 次
转转	70	姚劲波	3 次及以上

附表 4－3　独角兽企业创始人工作经历

企业名称	企业估值（亿元）	创始人	有无工作经历
今日头条	5000	张一鸣	有
滴滴出行	3000	程维	有
腾讯音乐	1500	汤道生	有
菜鸟网络	1000	童文红	有
大疆	1000	汪滔	无
京东金融	1000	陈生强	有
快手	1000	宿华	有
陆金所	1000	计葵生	有
微众银行	1000	顾敏	有
比特大陆	800	吴忌寒	有
京东物流	800	王振辉	有
壹账通	500	叶望春	有
车好多	400	杨浩涌	有
链家	400	左晖	有
美菜网	400	刘传军	有
商汤科技	400	汤晓鸥	有
神州优车	400	陆正耀	有
达达—京东到家	300	蒯佳祺	有
柔宇科技	300	刘自鸿	有
苏宁金融	300	张近东	有
威马汽车	300	沈晖	有
微医	300	廖杰远	有
优必选	300	周剑	有
Face＋＋	200	印奇	有
ofo	200	戴威	无
VIPKID	200	米雯娟	无
博纳影业	200	于冬	有
大地影院	200	刘荣	有
大搜车	200	姚军红	有
斗鱼	200	陈少杰	有
度小满金融	200	朱光	有
复宏汉霖	200	刘世高	有

续表

企业名称	企业估值（亿元）	创始人	有无工作经历
汇通达	200	徐秀贤	有
嘉楠耘智	200	张楠赓	无
猫眼微影	200	王长田	有
美丽联合	200	陈琪	有
奇点汽车	200	沈海寅	有
同程艺龙	200	吴志祥	有
喜马拉雅	200	余建军	无
小红书	200	毛文超	有
小鹏汽车	200	何小鹏	有
一下科技	200	韩坤	有
游侠汽车	200	卫俊	有
云从科技	200	周曦	有
自如	200	左晖	有
作业帮	200	侯建彬	有
APUS	100	李涛	有
PingPong	100	陈宇	有
爱驰汽车	100	谷峰	有
爱回收	100	陈雪峰	有
拜腾汽车	100	毕福康	有
宝宝树	100	王怀南	有
灿星	100	田明	有
曹操专车	100	刘金良	有
车和家	100	李想	无
地平线机器人	100	余凯	有
甘李药业	100	甘忠如	有
孩子王	100	汪建国	无
寒武纪科技	100	陈天石	有
合全药业	100	李革	无
惠民网	100	张一春	有
汇桔网	100	谢旭辉	有
界面	100	何力	有
金山云	100	王育林	有

续表

企业名称	企业估值（亿元）	创始人	有无工作经历
拉卡拉	100	孙陶然	有
驴妈妈	100	洪清华	无
马蜂窝	100	陈罡	有
芒果 TV	100	张勇	有
每日优鲜	100	徐正	有
蜜芽	100	刘楠	有
纳恩博	100	高禄峰	有
盘石股份	100	田宁	无
全棉时代	100	李建全	有
软通动力	100	刘天文	有
苏宁体育	100	张近东	有
淘票票	100	俞永福	有
天下秀	100	李檬	有
途虎养车	100	陈敏	有
途家网	100	罗军	有
土巴兔	100	王国彬	无
微店	100	王珂	无
微鲸	100	黎瑞刚	有
信达生物	100	俞德超	有
依图科技	100	朱珑	无
亿邦国际	100	胡东	有
英雄互娱	100	应书岭	有
优客工场	100	毛大庆	有
知乎	100	周源	有
猪八戒网	100	朱明跃	有
1919 酒类直供	70	杨陵江	有
58 到家	70	姚劲波	有
DotC United	70	石一	无
Momenta	70	曹旭东	有
阿里体育	70	张勇	有
安翰医疗	70	吉朋松	无
奥比中光	70	黄源浩	有

续表

企业名称	企业估值（亿元）	创始人	有无工作经历
贝贝网	70	张良伦	有
车猫二手车	70	黄巍	有
车置宝	70	黄乐	无
出门问问	70	李志飞	有
春雨医生	70	李光辉	有
点融网	70	苏海德	有
丁香园	70	李天天	无
返利网	70	葛永昌	有
房多多	70	段毅	无
富途证券	70	李华	有
好大夫在线	70	王航	有
好享家	70	汪建国	无
沪江	70	伏彩瑞	无
华云数据	70	许广彬	无
慧科教育	70	方业昌	无
基石药业	70	江宁军	有
玖富	70	孙雷	有
卷皮	70	黄承松	无
老虎证券	70	巫天华	有
联易融	70	宋群	有
零氪科技	70	张天泽	有
罗辑思维	70	罗振宇	有
罗计物流	70	宋睿	有
脉脉	70	林凡	有
明码生物	70	李革	无
诺禾致源	70	李瑞强	有
人人车	70	李健	有
人人贷	70	杨一夫	无
瑞幸咖啡	70	钱治亚	有
神州细胞工程	70	谢良志	有
数梦工厂	70	创始王巍	有
碳云智能	70	王俊	有

续表

企业名称	企业估值（亿元）	创始人	有无工作经历
腾云天下	70	崔晓波	有
同盾科技	70	蒋韬	有
万能钥匙	70	陈大年	无
挖财	70	李治国	有
网易有道	70	周枫	无
网易云音乐	70	朱一闻	有
微盟	70	孙涛勇	无
亚洲医疗	70	谢俊明	有
洋码头	70	曾碧波	有
要出发	70	丁根芳	无
一点资讯	70	李亚	有
一起作业	70	刘畅	有
影谱科技	70	姬晓晨	有
优刻得	70	季昕华	有
有利网	70	吴逸然	无
猿辅导	70	李勇	有
云鸟科技	70	韩毅	无
云知声	70	梁家恩	有
执御信息	70	李海燕	无
智米科技	70	苏峻	有
转转	70	姚劲波	有

附表 4－4　独角兽企业创始人留学经历

企业名称	企业估值（亿元）	创始人	有无留学经历
今日头条	5000	张一鸣	无
滴滴出行	3000	程维	无
腾讯音乐	1500	汤道生	无
菜鸟网络	1000	童文红	无
大疆	1000	汪滔	无
快手	1000	宿华	无
陆金所	1000	计葵生	有

续表

企业名称	企业估值（亿元）	创始人	有无留学经历
微众银行	1000	顾敏	无
比特大陆	800	吴忌寒	无
壹账通	500	叶望春	无
车好多	400	杨浩涌	有
链家	400	左晖	无
美菜网	400	刘传军	无
商汤科技	400	汤晓鸥	有
神州优车	400	陆正耀	无
达达—京东到家	300	蒯佳祺	有
柔宇科技	300	刘自鸿	有
苏宁金融	300	张近东	无
威马汽车	300	沈晖	有
微医	300	廖杰远	无
优必选	300	周剑	有
Face + +	200	印奇	有
ofo	200	戴威	无
VIPKID	200	米雯娟	无
博纳影业	200	于冬	无
大地影院	200	刘荣	无
大搜车	200	姚军红	无
斗鱼	200	陈少杰	无
度小满金融	200	朱光	无
复宏汉霖	200	刘世高	有
汇通达	200	徐秀贤	无
嘉楠耘智	200	张楠赓	无
猫眼微影	200	王长田	无
美丽联合	200	陈琪	无
奇点汽车	200	沈海寅	无
同程艺龙	200	吴志祥	无
喜马拉雅	200	余建军	无
小红书	200	毛文超	有
小鹏汽车	200	何小鹏	无

续表

企业名称	企业估值（亿元）	创始人	有无留学经历
一下科技	200	韩坤	无
游侠汽车	200	黄修源	无
云从科技	200	周曦	有
自如	200	左晖	无
作业帮	200	侯建彬	无
APUS	100	李涛	无
PingPong	100	陈宇	有
爱驰汽车	100	谷峰	无
爱回收	100	陈雪峰	无
拜腾汽车	100	毕福康	有
宝宝树	100	王怀南	有
灿星	100	田明	无
曹操专车	100	刘金良	有
车和家	100	李想	无
地平线机器人	100	余凯	有
甘李药业	100	甘忠如	有
孩子王	100	汪建国	无
寒武纪科技	100	陈天石	无
合全药业	100	李革	有
汇桔网	100	谢旭辉	无
界面	100	何力	无
金山云	100	王育林	无
拉卡拉	100	孙陶然	无
驴妈妈	100	洪清华	无
马蜂窝	100	陈罡	无
芒果 TV	100	张勇	无
每日优鲜	100	徐正	无
蜜芽	100	刘楠	无
纳恩博	100	高禄峰	无
盘石股份	100	田宁	无
全棉时代	100	李建全	无
软通动力	100	刘天文	有

续表

企业名称	企业估值（亿元）	创始人	有无留学经历
苏宁体育	100	张近东	无
淘票票	100	俞永福	无
天下秀	100	李檬	无
途虎养车	100	陈敏	无
途家网	100	罗军	无
土巴兔	100	王国彬	无
微店	100	王珂	无
微鲸	100	黎瑞刚	有
信达生物	100	俞德超	有
依图科技	100	朱珑	有
亿邦国际	100	胡东	无
英雄互娱	100	应书岭	无
优客工场	100	毛大庆	无
找钢网	100	王东	无
知乎	100	周源	无
猪八戒网	100	朱明跃	无
1919 酒类直供	70	杨陵江	无
58 到家	70	姚劲波	无
DotC United	70	石一	有
iTutorGroup	70	杨正大	有
Momenta	70	曹旭东	无
阿里体育	70	张勇	无
奥比中光	70	黄源浩	有
贝贝网	70	张良伦	无
车猫二手车	70	黄巍	无
车置宝	70	黄乐	有
出门问问	70	李志飞	有
春雨医生	70	李光辉	无
点融网	70	苏海德	有
丁香园	70	李天天	无
返利网	70	葛永昌	无
房多多	70	段毅	无

续表

企业名称	企业估值（亿元）	创始人	有无留学经历
纷享销客	70	罗旭	无
丰巢科技	70	王卫	无
富途证券	70	李华	无
好大夫在线	70	王航	无
好享家	70	汪建国	无
沪江	70	伏彩瑞	无
华云数据	70	许广彬	无
慧科教育	70	方业昌	有
基石药业	70	江宁军	有
玖富	70	孙雷	无
酒仙网	70	郝鸿峰	无
卷皮	70	黄承松	无
辣妈帮	70	金赞	无
老虎证券	70	巫天华	无
零氪科技	70	张天泽	无
罗辑思维	70	罗振宇	无
罗计物流	70	宋睿	有
脉脉	70	林凡	无
明码生物	70	李革	有
人人车	70	李健	无
人人贷	70	杨一夫	有
瑞幸咖啡	70	钱治亚	无
神州细胞工程	70	谢良志	有
数梦工厂	70	创始王巍	无
同盾科技	70	蒋韬	无
挖财	70	李治国	无
网易有道	70	周枫	有
网易云音乐	70	朱一闻	无
微盟	70	孙涛勇	无
小猪短租	70	陈驰	无
亚洲医疗	70	谢俊明	无
洋码头	70	曾碧波	有

续表

企业名称	企业估值（亿元）	创始人	有无留学经历
要出发	70	丁根芳	无
一点资讯	70	李亚	有
一起作业	70	刘畅	无
影谱科技	70	姬晓晨	无
优刻得	70	季昕华	无
有利网	70	吴逸然	无
猿辅导	70	李勇	无
悦畅科技	70	谭龙	无
云鸟科技	70	韩毅	无
云知声	70	梁家恩	无
执御信息	70	李海燕	无
智米科技	70	苏峻	无
转转	70	姚劲波	无

附表 4 – 5　独角兽企业创始人政治经历

企业名称	企业估值（亿元）	创始人	有无政治经历
今日头条	5000	张一鸣	无
滴滴出行	3000	程维	无
腾讯音乐	1500	汤道生	无
菜鸟网络	1000	童文红	无
大疆	1000	汪滔	无
快手	1000	宿华	无
陆金所	1000	计葵生	无
微众银行	1000	顾敏	无
比特大陆	800	吴忌寒	无
京东物流	800	王振辉	无
平安医保科技	500	高菁	有
壹账通	500	叶望春	有
车好多	400	杨浩涌	无
链家	400	左晖	有
美菜网	400	刘传军	无

续表

企业名称	企业估值（亿元）	创始人	有无政治经历
商汤科技	400	汤晓鸥	无
神州优车	400	陆正耀	有
达达—京东到家	300	蒯佳祺	无
柔宇科技	300	刘自鸿	无
苏宁金融	300	张近东	有
威马汽车	300	沈晖	有
微医	300	廖杰远	无
优必选	300	周剑	无
Face + +	200	印奇	有
ofo	200	戴威	无
VIPKID	200	米雯娟	无
博纳影业	200	于冬	无
大搜车	200	姚军红	无
度小满金融	200	朱光	无
复宏汉霖	200	刘世高	无
汇通达	200	徐秀贤	有
嘉楠耘智	200	张楠赓	无
猫眼微影	200	王长田	有
美丽联合	200	陈琪	无
奇点汽车	200	沈海寅	无
同程艺龙	200	吴志祥	有
喜马拉雅	200	余建军	无
小红书	200	毛文超	无
小鹏汽车	200	何小鹏	无
易果生鲜	200	金光磊	无
银联商务	200	田林	有
游侠汽车	200	卫俊	无
云从科技	200	周曦	无
自如	200	左晖	有
作业帮	200	侯建彬	无
APUS	100	李涛	无

续表

企业名称	企业估值（亿元）	创始人	有无政治经历
PingPong	100	陈宇	无
爱驰汽车	100	谷峰	无
爱回收	100	陈雪峰	无
拜腾汽车	100	毕福康	无
宝宝树	100	王怀南	无
灿星	100	田明	无
车和家	100	李想	无
地平线机器人	100	余凯	无
甘李药业	100	甘忠如	无
哈罗单车	100	杨磊	无
孩子王	100	汪建国	有
寒武纪科技	100	陈天石	无
合全药业	100	李革	无
惠民网	100	张一春	有
汇桔网	100	谢旭辉	有
金山云	100	王育林	无
拉卡拉	100	孙陶然	有
驴妈妈	100	洪清华	无
马蜂窝	100	陈罡	无
芒果 TV	100	张勇	无
每日优鲜	100	徐正	无
蜜芽	100	刘楠	无
纳恩博	100	高禄峰	无
盘石股份	100	田宁	有
全棉时代	100	李建全	无
软通动力	100	刘天文	无
苏宁体育	100	张近东	有
淘票票	100	俞永福	无
天下秀	100	李檬	无
途虎养车	100	陈敏	无
途家网	100	罗军	有

续表

企业名称	企业估值（亿元）	创始人	有无政治经历
土巴兔	100	王国彬	无
微店	100	王珂	无
微鲸	100	黎瑞刚	有
信达生物	100	俞德超	有
依图科技	100	朱珑	无
亿邦国际	100	胡东	无
英雄互娱	100	应书岭	无
优客工场	100	毛大庆	有
找钢网	100	王东	有
知乎	100	周源	无
猪八戒网	100	朱明跃	有
1919 酒类直供	70	杨陵江	无
58 到家	70	姚劲波	有
DotC United	70	石一	无
iTutorGroup	70	杨正大	无
Momenta	70	曹旭东	无
阿里体育	70	张勇	无
安翰医疗	70	吉朋松	无
安能物流	70	王拥军	无
奥比中光	70	黄源浩	无
贝贝网	70	张良伦	无
波奇网	70	唐颖之	无
车猫二手车	70	黄巍	无
车易拍	70	杨雪剑	无
车置宝	70	黄乐	无
出门问问	70	李志飞	无
春雨医生	70	李光辉	无
点融网	70	苏海德	无
丁香园	70	李天天	无
返利网	70	葛永昌	无
房多多	70	段毅	无

续表

企业名称	企业估值（亿元）	创始人	有无政治经历
纷享销客	70	罗旭	无
丰巢科技	70	王卫	无
富途证券	70	李华	无
好大夫在线	70	王航	无
好享家	70	汪建国	有
沪江	70	伏彩瑞	有
华云数据	70	许广彬	有
慧科教育	70	方业昌	无
玖富	70	孙雷	无
酒仙网	70	郝鸿峰	无
卷皮	70	黄承松	无
客路旅行	70	王志豪	无
辣妈帮	70	金赞	无
老虎证券	70	巫天华	无
零氪科技	70	张天泽	无
罗辑思维	70	罗振宇	无
罗计物流	70	宋睿	无
脉脉	70	林凡	无
明码生物	70	李革	无
魔方公寓	70	葛岚	无
诺禾致源	70	李瑞强	无
人人车	70	李健	无
人人贷	70	杨一夫	无
瑞幸咖啡	70	钱治亚	无
神州细胞工程	70	谢良志	有
首汽约车	70	魏东	无
数梦工厂	70	王巍	无
碳云智能	70	王俊	无
腾云天下	70	崔晓波	无
同盾科技	70	蒋韬	无
挖财	70	李治国	无

续表

企业名称	企业估值（亿元）	创始人	有无政治经历
万能钥匙	70	陈大年	无
网易有道	70	周枫	无
网易云音乐	70	朱一闻	无
微贷网	70	姚宏	无
微盟	70	孙涛勇	有
小猪短租	70	陈驰	无
亚洲医疗	70	谢俊明	有
洋码头	70	曾碧波	有
要出发	70	丁根芳	无
一点资讯	70	李亚	无
一起作业	70	刘畅	无
影谱科技	70	姬晓晨	无
优刻得	70	季昕华	有
有利网	70	吴逸然	无
越海全球	70	张泉	有
云知声	70	梁家恩	无
执御信息	70	李海燕	无
智米科技	70	苏峻	无
转转	70	姚劲波	有